Sustainability

「未来市場」のつくり方

サステナビリティで変わる企業の常識

DSM（株）代表取締役社長
中原雄司［著］

東洋経済新報社

まえがき

今はあたり前と思っている思想や行動も、その発想が生まれた当初、それは、多くの人にとって革新的なことだった。

たとえば、18世紀から20世紀半ばにかけて成熟した「人権」という概念。「個人の生命・自由・財産は、どんな権力も侵すことができない」という「人が生まれながらに持つ権利」である。

今では世界の多くの国でそれはあたり前のものとして誰もが受けとめている。だが、その考えが生まれた当初、「国の権力は、もともと人民自身にある」ことも、「権力の集中と濫用を防ぐには、権力の分立が必要である」ことも、国王による専制政治のもとでは、当然ながらあたり前のことではなかった。

だからこそ、革新的なインパクトを持って人々は人権という概念を受け入れた。そして、人権思想はフランス革命やアメリカ独立宣言に見るように、市民革命や国家の独立を経て実現されることとなった。

この「あたり前ではないことがあたり前になる」過程は「非連続性」とも呼べるだろう。

そして現在、私たち人類は、実はそうした非連続性のさなかにいて、岐路に立っているのではないだろうか。

本書のテーマである「サステナビリティ」も、同様の非連続性において起こった革新的な概念であり、目標である。今はまだ、さまざまな受けとめ方があるものの、非連続性のさなか、岐路の選択を経て、いずれは誰もがあたり前と受けとめるようになるだろう。

サステナビリティのインパクトは、すべての企業・産業にイノベーティブな変革をもたらす。すべての産業が巻き込まれるほどの「未来市場が生まれるダイナミズム」が今起きている。この変革のインパクト、ダイナミズムを、日本のビジネスパーソンにも気づいてほしい、そして共有したいという願いを込めて本書をまとめた。

サステナビリティとは何か、個別企業のみならず、全産業・都市・国民に何を求め、何をもたらすのか、世界の企業ではどのような対応を進めているのか。さらに今後、市場や社会はどのような変化を遂げていくのか。

これまではともすると「差し迫った課題ではない」とも受けとめられていたサステナビリティのこうしたトレンドと対応について、外資系企業の日本法人をマネジメントする立場から、実践的に紹介したつもりだ。

世界では、サステナビリティのメガトレンドをいち早く察知し、その市場で主導権を握ろうという動きがそこかしこで起こっている。それは、まさにイノベーション、企業間競争をともなった〝サステナビリティ市場争奪戦〟の様相を呈している。

日本、また日本のビジネス社会も、まだ遅くはない。みずからの手で新たな「未来市場」をつくっていこう。本書がそのヒントになれば幸いに思う。

目次

まえがき……3

第1章 サステナビリティへの理解が未来を切り拓く……15

サステナビリティとは未来の顧客との約束……16
得体の知れない不安 17
エネルギー問題、そして環境問題 18
技術を生かして環境と生活の水準を維持していくために必要なこと 20

SDGsとは新しい発展・成長のための指針……21
どんな社会でも「成長」は是である 24
途上国の需要の現実 25
中国における「ブルースカイ計画」 26
人類は成長を本質的に求めている 27

SDGsはサステナビリティのイノベーションである……29
30年前はまだできなかった議論 30

MDGｓからの革新的な変化 31
いろいろな受けとめ方があっていい 32

SDGｓを、新規需要を創出する牽引力とする 34
私たちの認識が試されている 34
ターニングポイントでの停滞を超えて 35

国際的な協調政策に一民間企業が取り組む意義 37
企業規模が一昔前とはまったく違ったものに 38
大都市でも同様の課題に直面している 39
企業と国が協調することの重要性 40
国もみずからの意識変革を進めている 41
企業が取り組むべきテーマが変わってきた 42
すべての企業が直面する課題 43

DSMでは、サステナビリティにどう取り組んできたか 45
DSMの社員は縦1列で手すりを持って階段を昇り降りする 46
一つのルールが示唆する納得感の重要さ 47

サステナビリティの取り組みを投資家、取引先はどう受けとめるか 49
変わってきた投資家の受けとめ方 49
大企業はまた、ESG投資を行う主役でもある 50
取引先も同様に選別しあう関係になってきた 51
プライベート・レギュレーションを設け始めた企業 52

アップルの新機軸 53
社員もサステナビリティで会社を選ぶ時代に 54
Doing WellとDoing Good 55

第2章 日本人は次世代産業の中核要因を正しく理解しているか

日本人は次世代産業の中核要因を正しく理解しているか 57
次世代産業の中核要因とは何か 58
社会課題の解決が最優先に 59
飽和がもたらす企業のイノベーション 60
原材料をリサイクルで生む時代に 62
「ネット・ゼロ」で実感できる成長 63
すべての新しいものは、古いものからつくられる 65
プラスチックストローと循環型社会 66
グローバルDSMが捉える社会課題 68
健康長寿社会に向けた変化のマグニチュード 68
気候変動対策としてのエンジニアリング・プラスチック 70
DSMが絞った三つの事業領域と企業が打ち出す次世代産業の中核要因 73
エネルギー分野を次世代産業の中核要因に置く 74

企業の技術革新と社会課題 75
気候変動、エネルギーとＳＤＧｓの関連性 76
企業にとって社会課題とはなりにくいテーマへの対応 77

ＣＳＲはもう古い？ 企業は新たな社会的責任に舵を切った …… 79
事業とサステナビリティ、ＳＤＧｓも同時追求する 80
浸透してきた「インテグレーテッド・アニュアル・レポート（統合年次報告書）」 81
ＤＳＭが「インテグレーテッド・アニュアル・レポート」にかけた思い 82
有言実行を美徳とする国際社会のなかで 83

儲かるＳＤＧｓと儲からないＳＤＧｓへの対処 …… 86
ストーリーはみずからつくるもの 87
ロングターム・ターゲットを設定する 88
ロングターム・ターゲットの根底にある「エコプラスとピープルプラス」 89

第3章

IMPROVE・ENABLE・ADVOCATE 変革をもたらす3段階のアプローチ …… 93

ビジネスに変革をもたらす三つの視点 …… 94
自社をよくし、他社をよくし、社会をよくする「三方よし」の行為 94

ステップを踏んで対応する　95
インプルーブ（Improve）リデュース（Reduce）を超えた視点で取り組む……97
その施策に経済合理性はあるか　97
KPIの策定　98
エネーブル（Enable）他者に活用してもらってこそ意義がある……100
エネーブルは「ビジネスチャンス」である　101
エネーブルは企業の最も重要な活動　102
どんな企業でも、さらにエネーブルを推進すべき製品がある　103
SDGsは競争して奪取していく市場となった　104
アドボケート（Advocate）提唱することで優位性の持てる市場を生む……106
企業文化・風土として根づいているかどうかも、重要な要素　107
各企業の〝稼ぎ頭〟の意識変革を！　108
サステナビリティ市場争奪戦はすでに始まっている！……110
企業にしか解決し得ない自動車産業のSDGs　110
フロントランナーになれるかどうかは、エンジニア次第　111
太陽電池も世界では〝草刈り場〟の様相を呈している　112
第2世代のバイオエタノールという新市場を切り拓く　114
循環型社会を実現する接着技術　115
食のサステナビリティの最先端の動向を押さえる……118

牛のゲップを減らす!? 119
未開拓の分野が広がる食のサステナビリティ 120
行き場をなくした繊維がサステナビリティで甦る! 123
世界最強の繊維が掘り当てた〝鉱脈〟 124
重要なフレームワーク思考 126
売れるほど世界がよくなるビジネスへ! 127
「確信」を武器に 127
投資家も社員も選択の舵を切った 128

第4章 「世界を変える企業」を創造するステップ

「世界を変える企業」を創造するステップ 131
「世界を変える企業」に求められる要件 132
国営の石炭会社がなぜ? 133
ポートフォリオの大転換がもたらした可能性 134
「世界を変える企業」を創造するステップとは 136
自社の存在意義をとことん追求していく 138
事業領域・内容、活用する技術は選択の問題 138

サステナビリティのストーリーが描けるか 139

自社の存在意義をステークホルダーたる社員が理解できるか……141
新しいテーゼ（命題）の提案 141
スターバックスに見る「共感」 142

価値観ドリブンな経営を実現できるか……144
人材評価に最大限の時間と労力をかける 145
価値観で集まる人もいれば、離れる人もいる 146
「価値観」で集まった人材の組織力 147
多様な人材を集めたことで生まれた共鳴力 148

共有した価値観を胸に、どこに向かうのか？……150
時間軸を意識した活動を 150
30人の価値観の共有と30万人の価値観の共有 151

第5章 さらなる「サステナブルな社会」に向けて……153

低炭素社会に向けて全体最適と部分最適の調和を図る……154
「炭素ネット・ゼロ社会」をめざす 154
緊急を要する国の立場で考えてみよう 155
悲観するには遅すぎる 156

カーボンフットプリントの計量ツールづくりも進む 157
税負担か、保険料か、それとも投資か 158

循環型社会に向けて製品づくりのスタート地点を変える……160
循環型社会のスタートはどこに？ 160
ラベリングはブランディングに似ている 162
より原初的なリサイクル技術を生かせる製品づくりを 163
循環型社会が「所有」の概念を変える 164

健康長寿社会に向けてセグメントに応じた取り組みが急務に……167
「カロリーは十分でも、栄養は？」のヒドゥンハンガー 167
栄養への投資の本来の姿 169
人生最後の10年の栄養 170
ニュートリションは年齢セグメントからパーソナルへ 171
ゲームで消費者がわかりやすく理解できるようにする 173
医療を巨大なエコシステムと捉える 174
未病に対するニュートリションの提案 176

パリ協定が生み出すビジネスチャンス……177
誰も置いてきぼりにしない 177
温室効果ガスの多排出業界だからこそ 178

〈第6章〉
日本の強みを世界で生かすための処方箋

日本の強みを世界で生かすための処方箋……181
自社・自業界を超えた議論を尽くす……182
ダイバーシティに取り組む必要がある　182
自他の差分が明確になれば、日本の強みも発揮される　183
成熟した商いの精神を生かす……185
グローバルな市場の一員として　185
遠慮せず、最初の一歩を踏み出そう　187
フォーマリティを軽くし、意思決定を速める　188
課題先進国としての自覚が求められる……190
「学ぶ」精神を生かす　191
あとがき……193

第1章

サステナビリティへの理解が未来を切り拓く

サステナビリティとは未来の顧客との約束

サステナビリティとは何か。その答えを探るとき、思い出すことがある。私が幼少の頃、１９７０年代のこと。私は１９６９年の生まれだから、１桁年齢の頃である。

１９６９年７月、人類は月に到達した。それは人類にとって画期的な出来事だった。私にその直接の記憶はないが、アポロ11号の月面着陸に、テクノロジーが新しい未来を切り拓くことを世界中の人々が感じ、それが〝人類のアジェンダ（課題）〟になっていく時代だった。人類が新しいことに次々と挑戦し、これまでなし得なかったことを実現していく前途洋々とした時代、ついにその幕が開けた！

そういった希望に満ちあふれた時代だったのである。

得体の知れない不安

ところが一方で、人類はヒタヒタと忍び寄るエネルギーの枯渇という危機にも直面していた。１９７３年、第1次石油ショックというエネルギー・クライシスが勃発する。

「石油は長くても30年は持たない！」

といった話題をニュースなどで見聞きして、子どもながらに「たいへんなことだ」といった得体の知れない怯え、小さな不安感を覚えた記憶がある。今思えば、「技術革新によって果てしなく拓けた地平線の向こうには、エネルギー・クライシスという急峻な断崖が奈落の底まで切れ落ちている」ことを子ども心に感じていたのである。そして、その地平で人類が見る夢は、追うほどに消えていく陽炎のようなものかもしれない、と思うこともあった。

人々は身近に迫る危機を感じてトイレットペーパーを買い漁った。石油公示価格が１バレル３・０１ドルから５・１２ドルへと瞬く間に上がり、翌１９７４年には11・６５ドルへと急騰した。

その様相を目のあたりにして、子どもの頃の私は「たいへんなことになるかも？」とわけもわからず動揺していた。そして、自分たちの理解を超えた事態に、大人も「この先、どんなことが起こるのだろう」と不安に怯えたのである。

振り返ってみれば、当時の石油公示価格は現在価値に置き換えてみても、最も高かった時期でも現在より低かった。それほどに石油、すなわちエネルギー資源が安価な時代だったのだ。だが、そんなことは知るよしもなく、時代に期待する一方でエネルギー・クライシスに怯えるばかりだったのかもしれない。

エネルギー問題、そして環境問題

その当時の大人たちは、どのような議論を積み重ねていたのだろう。人類の生活を維持し、夢を追いかけて成長していくとともに、石油資源の枯渇問題、すなわちエネルギー問題にも対応していかなければならない。そこに、地球人口の爆発的な増加を課題として加える人もいた。

１９７０年代の地球人口30億人が60億人を超えるようになったら、全人類が地球に住むというわけにはいかなくなる——、つまり、今でいうところのプラネタリー・バウンダリーを超えるという、そんな議論もあった。

そして、それらの課題の解決を原子力に託した人もいたし、あるいは未来の大幅な食糧増産に託した人もいた。

私たち子どもはそんな大人たちの議論に当事者として関わることはなかった。だが、そうした議論が重要であるということくらいは、心のなかにインプットされた。そして、進路を決めるにあたり、「地球・人類のエネルギー問題を解決したい、その解決に関わりたい」と真摯に思い、工学部、とりわけエネルギー問題の解決に最も近いと思われた化学工学科に進んだ。

一朝一夕には解決し得ない従来の課題を抱え込んだまま、その延長線上に新たなテーマが惹起してきた。それが環境問題である。従来のエネルギー問題・資源問題の視点だけで捉えられるテーマではないが、エネルギー資源に限っていうと、「何をどのように使うのが、人類と地球にとって最適であるか」という課題である。「最適である」というのは、その時代を生きる人、すなわち私たちにとっての最適であるとともに、私たちの子や孫、さらにひ孫へと続く将来の人類にとっての最適であることも意味している。

日本もこれまで、その課題の解決に新しい技術を生かして対応してきた。工場から排出されるガスや水の規制、自動車の排ガス規制など、実感としてかなり改善されてきた。１９７０年代にあった都市の光化学スモッグといった事態は、やがて嘘のように影を潜めた。

そして、私の体験し得た１９７０年代以降では、重要なことを一つ学んだ。それは、「将来にわたって、技術を生かして環境と生活の水準を維持していくには、一定の〝何か〟をやり続けなくてはいけない」ということである。

技術を生かして環境と生活の水準を維持していくために必要なこと

サステナビリティとは何か。私は先述のように、「技術を生かして環境と生活の水準を維持していくために必要な一定の活動」と捉えている。そのためには、技術を生かしていくだけの視点では足りない。技術を生かすという一方向の視点だけでなく、生かすうえでの責務、さらに技術を超えた広範な仕組みで対応していくべきことも視野に入れなければならない。

そして、サステナビリティは、そのようなことを「約束する」ということと捉えることもできる。1970年代の大人たちは、私たち子どもに、さらにまだ見ぬ孫世代に「環境と生活の、時代に適合したかたちでの維持」をどのように約束できるかを議論していたのではないだろうか。そして現在の私たちは、同じような約束をどう行うべきかを議論し、その約束を自分たちの子や孫、ひ孫の世代と結んでいくことになる。

経済活動を行っている身としては、約束といった言葉だと曖昧になりがちにも思う。そうであるなら、約束という言葉を「契約」という言葉に置き換えてもいいだろう。通常、契約は目の前にいる当事者同士で行うものだが、自分たちの子や孫、ひ孫などの将来世代と結ぶ「環境と生活の、時代に適合したかたちでの維持」という契約。それが、サステナビリティということになる。いわば「未来の顧客」との契約ともいえよう。そして、その契約の履行のあり方がＳＤＧｓであるということができる。

ＳＤＧｓとは
新しい発展・成長のための指針

ＳＤＧｓ（Sustainable Development Goals）とは、「２００１年に策定されたミレニアム開発目標（ＭＤＧｓ）の後継として、２０１５年9月の国連サミットで採択された『持続可能な開発のための２０３０アジェンダ』にて記載された２０１６年から２０３０年までの国際目標」のことである（外務省資料より）。その目標は次ページのように17の項目にわたって定められている。

１９７０年代以降、語られ続けたエネルギー資源の開発目標にとどまらず、ジェンダー平等（Gender Equality）など社会的な枠組みにおける目標も盛り込まれている。それは、環境やエネルギーといったことだけにとらわれず、人類が持続的に成長・発展していくために欠かせない〝必要事項〟ということができる。その目標はまさに、現在を生きる人類の過去数千年の衆智を結集した思想・哲学といってもよいだろう。

※国際連合広報センター（https://www.unic.or.jp/activities/economic_social_development/sustainable_development/2030agenda/sdgs_logo/）をもとに作成

SDGs17の開発目標・指針

どんな社会でも「成長」は是である

ＳＤＧｓを17項目にわたって表現するにあたっては、いくつもの議論のハードルがあったようだ。人類は発展しなくてはならないのか、その前提に立って議論をしなければならないのか、人口の増減の過程で解消されるテーマがあるのではないか、どのテーマも時々刻々と変わるその時代の社会背景、国家といった制約を受けるが、それを乗り越えられるのか――、このような議論はおそらく百出したであろう。

それはまた、ＳＤＧｓに取り組む人や企業、それぞれの国家がみずから解決していかなければならないことでもある。

私自身も、「経済成長してきた日本において、本当に社会がこれ以上の成長を求める必要があるのか」といったことについては、有識者や当社ＤＳＭの本拠であるオランダのメンバーなどとも議論を重ねた。これには、ローマ・クラブが１９７２年に出版した『成長の限界――ローマ・クラブ「人類の危機」レポート』（ドネラ・Ｈ・メドウズ、ダイヤモンド社）で論じられたプラネタリー・バウンダリーの議論も念頭にあった。

そのなかで、一つ言い得ることがある。それは、日本なら日本、オランダならオランダという国家の枠を超えて、世界の途上国の人々も含めると、人類は皆それぞれに豊かな生活を求めていて、その生活の実現という成長の欲求を止めることはできないということである。

辺境の集落に電気が届き、洗濯機が回り、テレビを見ることもできるようになった——、これは、紛れもなく人類にとっての「成長」であり、そのモチベーションこそが人類の経済社会を発展させる原動力であったことは間違いない。であるとすると、個々の国・地域によって違いはあるが、全世界を視野に入れたとき「成長を是とするかどうかの議論はない。成長を是と捉えたうえで、できる議論をすべきだ」ということになる。

途上国の需要の現実

もう一点、賛否両論があることを織り込んであえて指摘すると、「今日、途上国は果たしてまったく満たされていない状況にあるのか」という関心事がある。途上国においては満たされていない状況だと判断すれば、サステナビリティやSDGsといった議論以前の話で、まず、「その途上国の国民が生存し続けるための需要を満たす」という視点が重要になる。だが、程度の差はあっても、一定のレベルで需要は満たされている、もしくは需要が満たされつつある状況ならば、よりサステナビリティやSDGsに関心を寄せるべきではないか、ということもいい得る。

印象論になってしまうが、私は、もちろん程度の差はあるものの、途上国の需要の現実は後者の状況にあるという考え方に立っている。途上国も1970年代や1980年代と同様というわけではなく、まさに需要が満たされる途上にあり、成長していると考えている。

中国のＧＤＰ（国内総生産）を振り返ってみよう。２０１７年の国民１人あたりＧＤＰは約８８２７ドルであった（ちなみに、インドが１９４０ドル、ロシアが約１万７４３ドル。日本が３万８４２８ドル、アメリカが５万９５３２ドル。いずれも世界銀行調べ）。

趨勢としては、中国をはじめ徐々に経済成長を遂げてきた国は、共通して２０００年前後から急速な伸びを示している。一定レベルの生活水準といえる１万ドルも間近であり、１万ドルを超えれば３万ドルまで到達するのはすぐ、という状況である。そして、３万ドルのラインに到達すれば、一定の需要が満たされたとして、各国とも毎年、数値は上下を繰り返す。

この１人あたりＧＤＰの趨勢に照らせば、１人あたりのＧＤＰが１万ドルに近づきつつある国は、国の基盤となるインフラが整ってきて、今後の成長が無制限に進むという段階ではなく、一定の満たされた需要のなかで、どのような環境をめざしていくべきかを考える時期に来ているということである。なお、ここでいう環境とは、経済環境はもちろんのこと、就労、人間・社会関係、自然などすべてを含めた環境のことである。

中国における「ブルースカイ計画」

その一例として中国の李克強首相が２０１７年春の全国人民代表大会において、「大気汚染対策に取り組み、青い空を取り戻す」と明言した。クリーンエネルギーへの投資を増強し、大気汚染の発生源を処罰して大気浄化に取り組む、という（『*AFPBB News*』２０１７・３・５より）。日本国内で「ブルースカイ計画」というと、富山県を先駆けとして各県と環境省が取り組んできた大気環境計画が想定されるが、そのような取り組みを中国でも始めるということだろう。

このように、環境政策に本腰を入れ始めた国は、別の視点で捉えると、需要が満たされたかどうかという論議は〝卒業〟したといえなくもない。その環境政策がＳＤＧｓの原点であるということもできるだろう。他の途上国も同様の過程を経ていくことは容易に想像できる。すなわち、世界全体として普遍的にＳＤＧｓに取り組むことができる素地が広がりつつあるということである。

人類は成長を本質的に求めている

前述した「成長」の観点から捉えれば、成長し続けている途上国は、その成長を求めるだけでなく、成長の先にあることまで考えて動き始めているということである。

人は何かしらの変化を求めるものである。その変化の一つが成長であり、幸福であり、社会であり環境である、と考えることはできないだろうか。

そうした変化は「本質的に人類が求めているもの」というべきものであり、否定し得ないことなのではないだろうか。

いい換えると、成長はさらに成長し続けること、幸福はより幸福であり続けること、社会はよりふさわしい社会であり続けること、環境もよりふさわしい環境であり続けることを、当然のように包含し、人間が本質的にみずから求めているのではないか。

ＳＤＧｓは サステナビリティのイノベーションである

紀元０年から１９００年半ばまでの世界人口の増加と、１９００年代半ば以降の人口の増加を考えてみていただきたい。紀元０年の世界人口は２億～４億人と推計されている（United Nations, *The Determinants and Consequences of Population Trends*, Vol.1, 1973）。１９５０年の世界人口は25億１９００万人と推計され、２０２０年には75億人ほどと推計されている（United Nations, *World Population Prospects: The 2004 Revision*）。趨勢を見ると、紀元０年から１９５０年までおよそ２０００年にかけて、食料生産性の向上によって人口は６倍から10倍に増えたが、驚くべきは直近の70年間でさらに３倍増えていることだ。

私が生まれた頃の世界人口は約30億人で、高校生の頃に40億人に達した。当時、世界人口が60億人になったら、人類は破滅するともいわれていたが、２０２０年を来年に控え、破滅せずに対応する術を着実に身につけてきたということができる。その「対応する術」がＳＤＧｓということにもなるが、それは誰もが自然に、気ままに身につけてきたというものではない。僥倖・天啓のように降り注がれたものでもない。人間が理想とするものを少しずつ積み重ね、変容させ、かたちづくってきたものである。

30年前はまだできなかった議論

ＳＤＧｓに関する議論は30年ほど前まではまだできなかった議論である。サステナビリティ、ＳＤＧｓと警鐘を鳴らしたとしても、日本はバブルのさなか、〝いきすぎた好景気〟を謳歌していた時代であった。一方、世界では核や東西の冷戦が脅威として声高に叫ばれた時代である。

米国とソビエト連邦において中距離核戦力全廃条約が締結され、発効されたのが１９８８年のこと。今は米露のＩＮＦ離脱によって軍拡への懸念が再度高まっているが、30年前は米ソのみならず〝世界の脅威〟に一応の決着を見ることが、世界にとっての最大の関心事だったのである。

加えて、当時はまだ国家間の格差も顕在していた。中国やインドをはじめ人口急増が著しい国は、まだ成長軌道に乗り始めたとはいえない状勢だった。

それから10年ほどが経過して21世紀に入るころ、人口増にあっても「対応する術」としてのＳＤＧｓの議論を、国際間の土俵に乗せてもよい状況になってきた。２０００年当時は、

ＭＤＧｓ（Millennium Development Goals：ミレニアム開発目標）と呼ばれていた。飢餓や貧困、乳幼児死亡率の削減や教育など、誰が見ても改善していかなければならないことが明らかな八つのジャンルについて目標が掲げられていた。

ＭＤＧｓからの革新的な変化

そのＭＤＧｓの策定から15年、後継として２０１５年9月の国連サミットにおいて採択されたのがＳＤＧｓだが、ＳＤＧｓはまさしくサステナビリティにおけるイノベーション（技術革新）と捉えてよい。どの部分がイノベーションかというと、17のゴールに集約したところである。

その17のゴールを色分けしてマークを表示し、あたかも、パソコンの画面かポスターのように一目で見てわかる表現にした。「これが、人類が国を超えて共存、繁栄をしていくための戦略であり、目標です」といったメッセージを〝1枚〟で提示して見せたのである。企業の世界でいえば、「これが２０３０年までの事業戦略です」と示すようなことだろう。

端的にパッと示し、そこにある意図や思いを多くの人に届けることができれば、より人の共通認識として根づいていく。それは、まさにデザインやコピーのなせる技ということができるだろう。

いろいろな受けとめ方があっていい

ＳＤＧｓに対しては、いろいろな受けとめ方がある。たとえば、企業の場合、「当社はＳＤＧｓの17項目のうち、14項目はクリアしています」といった受けとめ方もある。まるで、ゲームや観光施設などで行うスタンプラリーのようで、一部において批判的に捉えられているのを承知しているが、私はそれでかまわないと思っている。

仮にスタンプラリーのように捉えてもらえれば、一つひとつをクリアしていく楽しみも出てくるはずだ。17のゴールのうちの一つひとつのゴールに到達する過程では、他のゴールの意義をより深く考えることにもつながるだろう。

ひょっとしたら、そのゴールに点数によるウエートづけをしてもいいのかもしれない。１ゴール10点で、１７０点満点。それぞれの会社や組織の現状に応じてゴールにウエートづけして満点の点数を変えていくが、総合点は１７０点とすれば、

「当社は１３０点です！」

「うちの組織は特定のゴールには満点をつけられるけど、全体ではまだ80点くらいだな」

といったかたちで、その会社や組織の現状に応じたＳＤＧｓの進捗状況の分析、ひいてはサステナビリティに対する現状把握も可能になるだろう。

こうしたやり方に批判があるのも承知しているが、最初はこうした受けとり方でも、より

多くの人、企業、組織、ひいては国や社会がＳＤＧｓに馴染み、それを当然のごとく受けとめ、目標を叶えていくことが、持続性そのものにつながると考えている。

ＳＤＧｓの目標年度は２０３０年である。その頃には現在のＳＤＧｓに対する評価が行われ、現在の概念が取捨選択され、新たな概念が加えられた目標が掲げられるだろう。それを楽しみに、より広範な人々に受け入れられ、取り組まれることに意義があるのではないだろうか。

ＳＤＧｓを、新規需要を創出する牽引力とする

あくまで個人的な見解・意見であるが、ＳＤＧｓを捉えるとき、驚きとともに覚悟しなければならないことがある、とも感じた。驚きというのは、前述のとおり、とかく曖昧なイメージのあったサステナビリティにおける開発目標を、17のジャンル・概念にまとめたということである。

加えて、国境や民族、国力などを超えて世界中の一定数の人に共感を持って迎えられたこと、多くの人が受け入れたこと自体、素晴らしいことだと驚いている。

私たちの認識が試されている

その一方で、受け入れた私たちの認識も試されているように思う。ＳＤＧｓが発表されたことによって、企業人、消費者はもちろん、産業界全体、政府などにとって、将来のあるべ

き社会の方向性が示され、それが近い将来のファンダメンタルズ（経済の基礎的条件）として重要なものであるという認識が必要なのである。

それは2030年、十余年後という近い将来の社会の枠組みのガイドラインということもできる。そのガイドラインが高次のレベルまで提示されたということに驚きを覚えるが、SDGsがかたちとして提示されれば、そこにさまざまな議論が生まれ、より肉づけされたかたちで牽引力を持つようになる。そのような認識も重要ではないだろうか。そこでは不言実行ならぬ有言実行が求められる。

企業活動においても、このSDGsを次の需要創出の牽引力として生かすことが求められているのではないか。需要が減退しているなかで、既存のビジネスの成長余力が乏しくなり、一方でSDGsをきっかけとした持続可能性への取り組みが新しい需要を創出していくことにつながると考えている。つまり、SDGsは大きな成長ポテンシャルを秘めた対策であり、その指標なのである。皮肉にもローマ・クラブが『成長の限界』によって示した対応策が、実は次の成長の源を創出しているということである。

ターニングポイントでの停滞を超えて

だが、17のゴールすべてに適合する商品・サービスの提供ができればよいが、そう簡単にできるものでもない。17のゴールのうちの二つでも三つでもかまわない。何かしらＳＤＧｓに適う商品・サービスを開発し、そこで新しい需要の創出を実現すべく企業活動を行うことが大切であり、ＳＤＧｓに適う会社組織につくり変えていくことが求められている。

企業によっては、これまで培ってきた商品・サービスの開発、組織運営の方向性とは別の観点を重視する開発・運営が求められるケースもあるだろう。一方で、従来の事業活動・経済活動が停滞する、スローダウンしてしまうといった受けとめ方をされるケースもあるはずだ。ＳＤＧｓを「規制」のように捉えてしまうケースだ。

だが、そのようには捉えないでいただきたい。ＳＤＧｓへの対応に限ったことではなく、どのようなことでも従来と異なる視点で取り組むことになれば、そのターニングポイントではあたかも停滞しているかのような時期があることは避けられない。それは、流れ続ける川は確実に蛇行し、淵をつくり、早瀬をつくるようなものである。

その流れ続ける川のどの段階においても、ＳＤＧｓというガイドラインからブレることなく方向性を見定めていけば、必ずその会社は日本のみならず世界の経済活動の発展・成長に寄与し得るのである。

国際的な協調政策に一民間企業が取り組む意義

サステナビリティは国境を超えた世界、いわば地球が人類の住みかであり続けるための概念であり、そのサステナビリティの開発目標であるＳＤＧｓは、国連で採択された国際的な協調による開発指標である。

その成立過程を捉えたとき、「それを各国が目標として取り組むことは重要だと思うが、一民間企業が率先して取り組まなければならないものなのか」といった素朴な疑問や意見もあるはずだ。

私は「取り組まなければならない」と頭ごなしにいうつもりはないが、「今後はサステナビリティ、ＳＤＧｓを無視するような企業活動は成り立ち得ず、企業として生き残ることはできない。サステナビリティの観点を取り入れなければ、成長の機会も失う」と考えている。

つまり、企業として成長をめざすからには、ＳＤＧｓへの取り組みは必須であると考える。と同時に、このような国際協調政策は、今の世の中においては、民間企業の活躍なしには実現し得ないとも考えている。

企業規模が一昔前とはまったく違ったものに

その根拠の一つは、企業規模・企業サイズである。世界の大企業の大きさは一昔前に比べて格段に大きくなっている。国際援助団体・オックスファム（ＯＸＦＡＭ）の２０１５年の調査によると、世界の大企業トップ10の総売上高が世界の下位１８０の国と地域の歳入額の合計を上回っているという。また、人物ベースでは、「世界の資産保有額の上位62人の総資産は、下位50％（36億人）の人々の総資産に匹敵する」とも報告されている（ＯＸＦＡＭ『最も豊かな１％のための経済』２０１６・１・18より）。

世界の資産保有額の上位の多くは、いわゆる王族を除くと、企業家または投資家であろう。それほどに、大企業のサイズ感は大きなものとなっているのである。

２０１８年の「フォーチュン・グローバル５００」を見ると、日本企業ではトヨタ自動車が世界トップ10にランクインし、その売上高は２６５１億ドルである。その額はスウェーデン、ベルギー、トルコ、スイスなどの歳入額に匹敵する（ＯＥＣＤ歳入統計）。こうした比較に見るように、いまや企業活動のサイズが国家のサイズを凌駕しているのが実情なのである。

すなわち、国連をはじめ国際機関が打ち出した方針への対応は、もはや国任せにできる性質のものではなく、企業も好むと好まざるとにかかわらず何かしらの対応を迫られているといえよう。

再び、トヨタ自動車を例に挙げると、全世界で５００社を超える連結子会社を擁している。５００余社の取引社数となると、優に万単位になる。まさに、国家の領域を超えたワールドワイドな展開を見せている。その実情を知るとき、国際的な共通認識、地球規模の課題解決に向けて企業・企業人が果たすべき役割、取り得る施策の意義が大きいことが理解できるだろう。

大都市でも同様の課題に直面している

なお、これと同様のことが大都市でも起きている。たとえば、東京都の２０１９年の予算（一般会計）は7兆４６１０億円。特別会計などを含めると14兆９５９４億円。この額は、フィンランドやインドネシアの国家予算の額に匹敵する。すなわち、国際的な共通認識、地球規模の課題解決に向けて、大都市が打ち出す政策・方向性と対応策が果たす役割の意義が大きいことが理解できるのである。

地球規模で取り組むべき課題については国家という枠組みのみにとらわれるべきではない。一部の地方政府、企業はそのことに気づき始めているが、まだその考えは一般的なものとまではなっていないように感じる。たしかにそれぞれの企業はそれぞれの国の法律に規定され企業活動を行っているが、それは一面で、実態としては国境を超えてグローバルな展開を行っている。その状況を見るとき、国家という枠組みはあっても地球規模の課題の解決に向けて方向性を定め、先導する役割を担っているのは企業ではないだろうか。

産業界のトップ層の多くは、国家に先んじて、まず企業が動かなければならないことを根底では理解し、意識して行動しているように見える。逆にいうと、そうした理解のない企業とそのトップは世界の趨勢からやがて取り残され、世界中にある数百の関連会社を巻き添えにしながら世界から取り残されてしまってもおかしくない。

企業と国が協調することの重要性

サステナビリティに対する国の取り組みも積極的だ。その背景には、サステナビリティに対する企業の取り組みが、従来、企業が第一義と考えている営利の追求とは少し異なる面があるからかもしれない。

実際に、私たちも賛同し、取り組んでいる気候変動に対する取り組みに関連した各種のカンファレンスをはじめ、さまざまなサステナビリティ関連の会議に、政府からの登壇者も多い。私たちＤＳＭが主催する同種のカンファレンスでも意見交換を続けている。ある省庁の局長級の役人は、「企業との情報・意見の交換は本当に重要だ」としている。

国もみずからの意識変革を進めている

ところで、パリ協定前後の政府間協議に際して、ＤＳＭの本国（オランダ）のトップから、こんな電話がかかってきた。

「気候変動対策の取り組みに関するグローバルな環境ファンドを立ち上げつつあるが、日本は反対している。どうしてだ？」

私は、その連絡を受け、政府の担当局長に電話を入れた。すると回答は、

「国内でも、また世界においても数多くの環境ファンドが立ち上がっているのが現状だから、それを整理して把握してから取り組みたい。だから反対しているわけでも進行を停止させているわけでもない」

ということだった。

この例は、ことの経緯や真意が重要だから、ここで紹介したわけではない。そもそも、かつては外資系企業の日本法人の質問に対して、国がその事情を説明することなどなかったことである。それが、伝えられる範囲で対応していただけるようになった。この変化が重要なのである。

ＤＳＭは環境経営において、ひいてはサステナビリティにおいてグローバルな展開を率先して行っている企業の一つである。その日本法人からの質問に真摯に回答することが重要であると、この担当の方は判断してくれたということだろう。

新たな環境ファンドに限らず、いま、グローバルに展開する企業がサステナビリティに関する動向に関心を持ち、さまざまなプラットフォーム整備にも協力している。それが重要なものであるという理解が、国レベルでも浸透している。それほどに、地球規模の課題に対しては企業の役割が大きくなり、実際に影響力も高まっているのである。

これは、地球規模で国、政府と企業のコラボレーションがより重要になり、しかもそれがオープンに行われるようになってきたことを示しているのではないだろうか。

企業が取り組むべきテーマが変わってきた

産業の歴史を振り返ってみると、それぞれの時代に応じて産業界の求めるテーマは変遷し、それに応じて牽引役となる技術、企業も変わってきた。大量生産を第一としていた時代には生産技術の向上、生産性の向上が産業界にとって最も重要なテーマであった。その後、いかに安心・安全な製品をつくるかということが主眼となり、さらに環境への配慮が重大なテーマとして加わった。さらに社会適合性、コンプライアンスが強く意識されるようになり、企業の社会的責任（ＣＳＲ）が議論されるようになったのは記憶に新しい。

そして今、ＳＤＧｓに明示されるサステナビリティという新しいテーマが浮上してきた。二酸化炭素（CO_2）の増加への対応が地球規模の課題になり、その削減がテーマとなるなかで、かつては「企業はどこまでその削減に寄与し、ケアしなければならないのか」と考える経営者もいた。

だが、時代が進化し、すなわち時間が経過するなかでイノベーションが進み、カーボンフットプリント（Carbon Footprint、特定対象のCO_2の排出量、他の温室効果ガスを含めたCO_2換算量）を削減するソリューションが生まれてきた。時代の進化とともに求められる安全性や環境課題に即応した企業は進化・発展を遂げている。だが、その一方で、対応の遅れた、もしくは対応を無視した企業は産業の牽引役の交替が進むなかで、その存在意義を見失ってしまっているのではないだろうか。

すべての企業が直面する課題

テクノロジーや金融の分野の巨大企業に目を転じてみよう。まさに時代の寵児ともいえる企業が今日、国境を超えてグローバルに展開している。それらの企業は国という枠組みが重要であることは認めても、もはや通常の事業活動のなかでは意に介していない感すらある。

こうした企業にも、時代に応じて重きを置くべことがある。たとえば、グーグルである。グーグルは世界中のＩＴ産業を席巻しており、一見すると環境問題とは関わりがないようにも見える。だが、実はサーバー（データセンター）の運用に関しては、他の企業とは桁外れの電力を消費している。

２０１０年代初頭のGoogle Green Reportによると、その電力量は年間約2億６０００万ワットだという（*Google Details, and Defends, Its Use of Electricity,The New York Times* 2011.9.8より)。これは、日本の地方中核都市、すなわち人口20万人近い都市を支えるのに十分な電力量に相当する。

このような背景もあり、グーグルでは、創業から早い段階で再生可能エネルギーの調達をはじめ、積極的な取り組みを進めている。２０１７年にはグーグルのオフィスやデータセンターが消費したすべての電力を、風力や太陽光など再生可能エネルギーによってまかなっていることを同社が発表した。

このように一見、環境問題から遠く離れたように見えるところでも、世界では確実にサステナビリティの流れを取り入れ、その流れを加速する企業の動きが、ものすごい勢いで進んでいる。この流れを、私たちもより注意深く見ていくべきではないだろうか。

ＤＳＭでは、サステナビリティにどう取り組んできたか

ＤＳＭはオランダに本社を置き、世界各国に拠点を擁する総合素材メーカーである。ＤＳＭ全社で見れば、社員数は2万人を超える。ＤＳＭには企業の文化を形成してきた取り組みがいくつもあるが、その一つである「ライフ・セービング・ルール（Life Saving Rules）」について触れておこう。

ライフ・セービング・ルールとは、いわば「働くうえでの動作の初級編」のようなものである。新入社員に対して入社時に、「自分の命を守る12のルール」というパンフレットをライフ・セービング・ルールとして渡している。

ルールの多くはオフィスよりむしろ工場勤務の社員に対するものだが、とても素朴なルールを一つ紹介したい。それは、「階段を昇り降りするときは、ハンドレール（手すり）を持ちましょう」というものだ。

DSMの社員は縦1列で手すりを持って階段を昇り降りする

このルールを聞いて、「なんて詰まらないことを定めているのか」と思う人も多いだろう。その一方で、その重要性にピンときた人もいるはずだ。特に同業者の方ならば、このルールに膝を叩いて納得する人もいるだろう。

オフィスでも同様だが、工場勤務の場合、仕事中のケガは絶対に避けなければならない。そして、仕事中のケガは、歩行中につまずいて転倒するときに発生することが圧倒的に多い。特に階段の昇降中の転倒は大ケガにつながる。工場なら薬品を持っているケースなどもあり、一つ間違えば大惨事になる危険性もある。

工場を持つ企業では、労災事故をいかになくすかが安全性の観点から抜き差しならない課題なのである。当社の社員もそれは同様だからこそ、ライフ・セービング・ルールの一つとしてこのことを盛り込んである。

実際に、このルールはよく守られている。数人で階段を昇り降りするとき、横に並ばず縦1列になって手すりを持っていたら、DSMの社員だとわかるくらいである。社員が手すりを持たず、階段の真ん中を降りているのを他の社員が見かければ、「手すりを持って降りたほうが安全ですよ」と声を掛けるくらいに徹底・浸透している。それが命を守るためのルールなのである。

一つのルールが示唆する納得感の重要さ

このことは、サステナビリティを企業文化として定着させることにおいて、いくつかのヒントを示している。

オランダ本社における当社の創業は１９０２年で、間もなく１２０年を迎えようとしている。そのなかではいくつかの安全性に関わる事故も経験している。そのような歴史を持つ会社においては、「労災事故ゼロ運動を始めました」といっても「とっくにやっています！」となってしまうのがオチだ。

一方で、あるテーマを噛み砕くだけ噛み砕き「何を行えばいいのか」をストレートに提示する術も長い歴史のなかで磨いてきた。それが、「階段の昇り降りでは、手すりを持ちましょう」ということなのである。

また、多国籍な企業で言語や宗教、風習・習慣も異なる社員に対して、「階段を昇り降りするときは、手すりを持ちましょう」ということをどう伝えるか。最もわかりやすいのが、次ページ図のようにデザインで示すことだ。これは、今日のＳＤＧｓの17項目の一目でわかる表現と同様の意図があるといってよいだろう。また、このような簡単で、かつ象徴的なルールによって、安全に気を配り、大切にするというカルチャーが、国を超えて浸透していくのである。

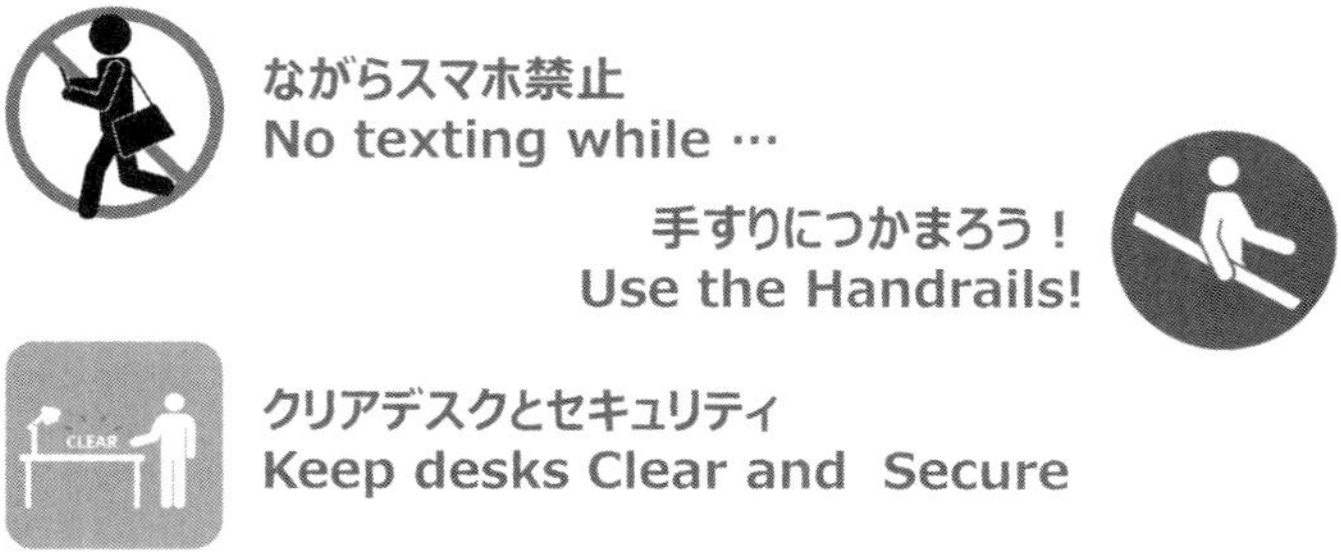
ながらスマホ禁止
No texting while …
手すりにつかまろう！
Use the Handrails!
CLEAR
クリアデスクとセキュリティ
Keep desks Clear and Secure

ここでは二つのヒントを示したが、いずれも大事なことは全員にとっての「納得感」である。「ＤＳＭはサステナビリティにどのように取り組んできたか」という問いに一言で答えるとすれば、

「二つのテーマについて、世界中のＤＳＭで働く社員の誰もが納得感を得られるところまでブレークダウンし、誰もができるような状態で長い年月をかけて浸透させてきた」

ということができる。と同時に、企業活動として行う以上、当然ながらそのテーマに関する調査研究を重ね、かつその取り組みを行うことが投資家に受け入れられるかといったことを吟味して行っているということもできる。

サステナビリティの取り組みを投資家、取引先はどう受けとめるか

企業がサステナビリティに取り組む場合、社員は企業全体のなかで何ができるか、どのようなことをその成果物と見なすか、といったことを考えていくことが重要である。

だが、外部の投資家や取引先は社員と同様の考え方をしているわけではない。より利益に直結した施策によって価値判断する。サステナビリティの取り組みも同様である。

変わってきた投資家の受けとめ方

当社でも、サステナビリティへの取り組みを具体的に始めた頃には、投資家から「サステナビリティの取り組みは評価する。ただし、儲かっている限りはね。ちゃんと配当できないようなことがあれば、それは、ただの理想論でしかない」というような声が当然にあった。

たしかに、それは正論である。そのような声を受けながらサステナビリティへの取り組み

を推進してきたのである。

だが、ここ数年は投資家の受けとめ方が変わってきた。おそらくＥＳＧ投資という考え方が投資家の間で浸透してきた時期からのことであろう。

ＥＳＧとはＥ（Environment：環境）、Ｓ（Social：社会）、Ｇ（Governance：企業統治）の頭文字で、ＥＳＧ投資とは、それら3分野に配慮し対応している企業を重視・選別して行う投資のことを指す。ＥＳＧに対して評価の高い企業は、事業の社会的意義、成長の持続性などの面ですぐれた企業特性を持つとして、投資家からの評価も高まっているのである。当社も最近はこの流れを受けて、投資家からの先のような声はずいぶん少なくなった。

大企業はまた、ＥＳＧ投資を行う主役でもある

ＥＳＧ投資の潮流は、逆に捉えることもできる。それは極端にいうと、ＥＳＧ投資を受けられないような企業はやがてマーケットからの退場を迫られる可能性があるということだ。たしかに売上げを上げ続け、利益を出し続ければ、企業は成長しているかに見える。だが、キャピタル・マーケットからの支持を受けられないような企業は、いずれ成長がストップしてしまう。すると、「サステナビリティの取り組みが少ない企業には投資できない」という投資家の姿勢が、その企業に現実的な問題として降りかかってくるだろう。

また、グローバルに展開する大企業の場合、その企業は事業会社であるとともに、投資会社である一面を持つことも一般的になってきた。DSMのオランダ本社も、いくつかの国において、オープンイノベーションという構想を掲げ、他の事業体やベンチャー企業への投資を積極的に進めている。

こうなると、大手の事業会社は投資家の顔もあわせ持つことになる。すなわち、自社がESG投資によって評価を受けたのと同様に、投資対象である事業やベンチャーに対する資金提供・業務提携においても、ESG投資の観点から評価することは当然、想定できる。そうして企業は選別され、また淘汰されていく時代を迎えているのである。

取引先も同様に選別しあう関係になってきた

銀行はもちろんのこと企業にとっては、仕入先・外注先、また販売先、広く捉えるとサプライチェーンも同様の論理のなかにあるといってよい。

かつて、そして今でも日本の大企業における取引先の選別というと、ISO（International Organization for Standardization）の認証による選別に見るように、大企業による下請企業の取引選別の面がないわけではなかった。だが、ESG投資にともなう企業選別、サステナビリティやSDGsの普及・浸透にともなう取引の選別は、かつての大企業による下請企業の取引選別とは様相が少し異なるようだ。規模や業種、国や地域などに関係なく、「取り組めるところは、一緒に取り組みましょう」という、いわゆるコラボレーションという言葉の語感が合っているような選別であり、提携であるように思える。

それは柔らかい企業紐帯といったものかもしれない。その発想が「企業市民」という考えの根底にもあり、それが企業において体現されたものがＣＳＲ（Corporate Social Responsibility：企業の社会的責任）と呼ばれるものである。

プライベート・レギュレーションを設け始めた企業

国内での先進事例としては、複写機で有名なリコーの環境経営にそのような対応が見られる。リコーは１９９８年に世の中に先駆けて「環境経営」を打ち出した。それは「環境保全と利益のバランスをとって経営する」ということではなく「環境保全活動を通じて利益を生み、経営と一体となって継続的に環境を保全する」ことを意味している（リコーのウェブページより。https://jp.ricoh.com/company/ataglance/strength/environment.html）。環境経営を標榜するにあたって、環境保全と利益の二律が軸としてあるのではなく、環境保全と利益を同時に追求していくということである。

そのうえで、この経営ビジョンを追求するために、リコーはサプライヤーに対しても同様のビジョンを求めたのである。それはまるで、リコーがみずからのサプライチェーンに対してレギュレーション（Regulation：規制）を設けているかのようだ。

もともと企業においてはレギュレーションを〝対立軸・足かせ〟のように受け取る向きもあった。しかし、前述するようにサステナビリティ、ＳＤＧｓについては、国家の枠を超えた対応が重視され、その意味でリコーが取り組む環境経営と、そこで協業メーカーやサプライヤーに求める「規制」は、「プライベート・レギュレーション」ということができるだろう。

アップルの新機軸

電子機器産業に絶大な影響力を持っているアップルも、サステナビリティを明確に打ち出し、それを基準にサプライヤーの選択・連携強化を始めているようだ。

具体的には、世界各地のアップルの施設では使用電力の１００％がクリーンエネルギーによって賄われている。そこでアップルは、製造パートナー企業にも、アップル向けの生産についても１００％クリーンエネルギーによって生産するよう呼びかけている。なお、同社に樹脂素材を提供しているＤＳＭもそれに応じている。

このような企業のサプライチェーンの全体像をサステナビリティ、ＳＤＧｓから捉えれば、その志向・方向性を理解しないまま利潤の追求に走るだけの企業は、やがて、そのサプライチェーンの蚊帳の外に置かれるのではないか、と危惧される。

社員もサステナビリティで会社を選ぶ時代に

社員という存在は、企業の意思決定に忠実であることが求められ、自分の意思だけではなかなか変われない存在でもあるが、それでも自分だけの意思で選択できる機会がある。それは入社試験・面接の際に、「サステナビリティ、ＳＤＧｓについて無関心な会社には入社したくない」、もしくは退職理由として「サステナビリティ、ＳＤＧｓについて未対応な会社には居続けたくない」と自分の心のなかで意思表明することである。

冒頭（22～23ページ）のＳＤＧｓの17項目をあらためて見ていただきたい。この項目を無視した会社には入りたくないと思うのは、素朴な入社拒否の動機、または退職の理由になり得るのではないだろうか。実際、そうした人材の流動が増えているように実感している。就職志望調査でも、「社会に役立つ仕事」が志望理由としてトップとなっているものもある。

そして、その実感が正しければ、前述のようにサステナビリティ、ＳＤＧｓを志向せず、方向性を理解しないまま利潤の追求に走るだけの企業は、人材不足となってサプライチェーンから外されることにもなるだろう。

Doing WellとDoing Good

10年ほど前によくいわれたことに「Doing Well」「Doing Good」という表現がある。「Doing Well」とは、「経済的にうまくやって利益を出すこと」、すなわち儲けることと捉えることができる。一方の「Doing Good」とは、「世の中のためになること」、すなわち貢献することと理解してよいだろう。

10年以上前はDoing Wellが企業においては至上命令ということができた。だが、この10年ほどの間に、その発想がずいぶん変わってきた。

Doing WellとDoing Goodは両立するのではないか、両立させなければならないのではないか。もしくは、Doing Wellを追求すればDoing Goodにつながる方策や、Doing Goodのなかで Doing Wellを実現する方策を見つけなければならないのではないか。Doing well by Doing good が可能ではないのか。その発想から企業活動を考えるようになってきたのである。

それは顧客から、また投資家からの要請であり、また、従業員、産業界からの要請でもある。そして、そうした発想へと変革することが企業の至上命令になっているのである。

第2章

日本人は次世代産業の中核要因を正しく理解しているか

次世代産業の中核要因とは何か

次世代産業の中核要因を考える際に、まず踏まえておきたいことは「次世代の産業とは何か」ということであり、次に「その産業にはどのようなことが要求されるか」ということである。

次世代の産業とは、何もＡＩのように現在の最先端技術を生かした、その先にある未知の産業、未開拓の市場に限定されたものではない。「現在、それぞれの企業が営んでいる事業を需要の波に揉まれながら進化・発展させていく延長線上にあるもの」とお考えいただきたい。いわば、「現在の産業が次世代にまで引き継がれたときにある事業の姿」ということである。

そして、その産業にはどのようなことが要求されるのか。このテーマについては人によっていろいろな意見があるだろう。だが、共通しているのは従来要求されていた事項とは質の異なるものかもしれないということだ。産業界にとっては、かつてはあまり重きを置かなくてもよかった事項の比重が急速に高まってくるということである。

社会課題の解決が最優先に

次世代産業に要求される事項の最たるものに、「社会課題の解決」がある。「何をあたり前のことを」と思われるかもしれないが、社会課題の解決を企業の存続意識の中心に置こうとした時代はなかったと思われる。

従来であれば、社会課題の解決という事項の前に、自社の売上げの増大や利益の確保、さらに従業員への給与の支払いや株主への配当といったDoing Wellの命題が企業にはあり、その実現を存在意義としていたはずだ。一言で述べると「きちんと稼いで、きちんと支払えない企業に存在意義はない。ましてや社会課題の解決も何もあったものではない」ということである。

だが、次世代においてはこの考え方が180度変わってくる。社会課題の解決の比重が急速に高まってくる。「社会課題の解決に資することができる企業にこそ、真の存在意義がある。それが実現できてこそ稼ぐことが認められ、取引先や社員に支払うことができる企業といえる」ということになるだろうか。

では、社会課題の解決とはいったいどのようなことだろうか。この点については、さまざまな考え方があるだろうが、私自身は次の6点が重要であると捉えている。

①長寿健康社会の実現
②継続的な社会との関わり、コミュニティの維持
③文化的な豊かさと、それを担保する生涯教育、教養
④文化、民族、世代などを超えた多様性と、それが共存できるシステム
⑤イノベーションの加速と、それを広く世界が享受できる仕組みづくり
⑥環境の持続可能性と循環型社会の構築

これらは順不同であり、相互に関連しあっていることなので、優先順位をつけるようなものではない。

このうち企業人として伝えやすい項目について、まず説明を加えていこう。

飽和がもたらす企業のイノベーション

一般に市場に出回る商品は次ページ図のような一定のカーブを描く。

実際には、たとえば耐久消費財の世帯普及率の側面から見ると、一定水準の普及率に達した耐久消費財は、時間の経過とともに普及率が維持し続ける傾向にあり、それを「飽和カーブ」と称している。だが、ここでは、市場に出回る商品が描く典型的なカーブということで、

プロダクト・ライフサイクルと「モノの飽和」

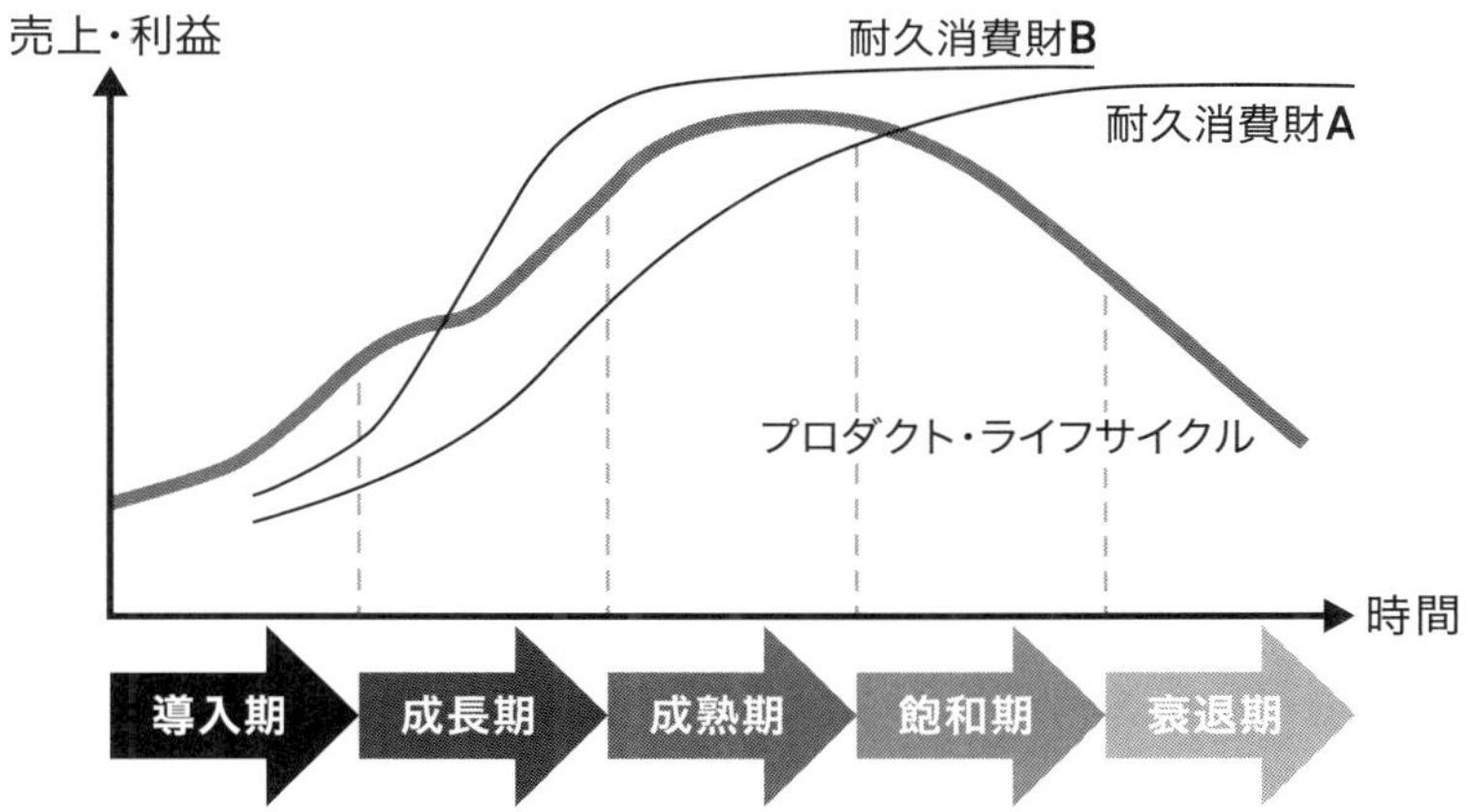

「プロダクト・ライフサイクル」を示している。

　このカーブはテレビ、洗濯機からクルマ、パソコン、タブレット端末など、およそこれまで世の中に生まれた商品の売れ行きに通じ、同様のカーブを描く。すべての製品・商品、いわゆる人工物が同じような飽和カーブを描けば、やがてものは要らないとでもいうべき状況が起こる。緩やかに成熟期を迎える耐久消費材Aや急速に成熟期を迎える耐久消費材Bがあるような状態だ。多くの商品が成熟期・飽和期を同時期に迎え、さまざまな商品の飽和カーブが図の天井に張りついている状態となる。

　このような状況を元東京大学総長の小宮山宏氏は「人工物の飽和」と呼んだ。多くの商品（特に耐久消費財）が図の成熟期にある状態が続き、多くの市場が飽和状態になってしまう。さらに小宮山氏は、2050年にはそのような状況がピークに達すると警鐘を鳴らし、注目を集めた。

原材料をリサイクルで生む時代に

人工物の飽和状況に至れば、需要は置き換え・買い換えニーズしか出てこない。供給側の解決策としては、従来商品をリサイクルして、まったく別のもの、できればまだ世に出ていないものをイノベーションによってつくりだすほか方法がなくなる。このような取り組みをアップサイクルと称するケースもある。この人工物の飽和は消費財においては身近でもあり理解しやすい話だが、これを素材、たとえば鉄で見るとどうなるだろう。

鉄は鉄鉱石からつくられる。だが、鉄のスクラップ、いわゆる鉄くずからリサイクルしてつくられる分も一定量はあり、全世界で見れば、約3割の鉄がスクラップ由来のものとなっている。それは、鉄のリサイクルによって鉄をつくり、その割合が3割になっているということである。

素材としての鉄のリサイクルが本格的に行われるようになったのは、20世紀に入ってからだ。鉄はもともと鉄鉱石から高炉を使って生産するしか方法がなかった。だが、鉄鉱石からつくった鉄が一定量になると、鉄という人工物が飽和し、電炉を活用してスクラップから鉄をリサイクルする方法に生産が変わっていく。これにより「高炉7割・電炉3割」という状態が生まれた。

なお、この状態において、日本は19世紀から20世紀にかけて大量の鉄を生産・消費してきたのだから、鉄というリサイクル商材の供給国という位置づけもできるだろう。

アルセロール・ミタルという世界最大の鉄鋼メーカーがルクセンブルグにある。このアルセロール・ミタルという会社は、もともとインドの会社で、その後オランダに本拠を置いたミタル・スチールが、ルクセンブルグのアルセロールを買収して生まれた会社である。

そして、そのミタル・スチールの出発点は高炉メーカーではなく、スクラップから鉄を生産する電炉メーカーだった。すなわち、世界最大の鉄鋼メーカーは高炉ではなく電炉メーカーから生まれたともいえる。

原材料・素材をリサイクルから生むことは、鉄に限らず、非鉄金属、プラスチックといった素材、またエネルギーの分野でも取り組まれている。循環型社会の実現は一国や一企業の単位でできることではなく、国家・企業の枠を超えて解決すべき課題である。

「ネット・ゼロ」で実感できる成長

循環型社会の重要性については、日本でも１９７１年に環境庁が発足してからいわれてきたことだ。当時は３Ｒ（Reduce・Reuse・Recycle）が推奨され、それは今日も続いている。

ただし、この３Ｒの原点は、日本が資源小国であり、資源の有効活用が重要であるという観点からスタートしていた。だが、今日、資源の多寡を国家レベルで論じることができる段階ではなくなっている。資源の多寡にかかわらず、３Ｒに対応していくことが求められているのである。

そこで、次世代の社会課題として捉える場合は、３Ｒそのものをより細かく再定義したほうがよいだろう。たとえば、先進国で使われる鉄は、前述のようにもはや鉄鉱石から生産する必要はなく、鉄のリサイクルからの産出で対応できる。その他の資源・素材についても先進国では同様の状況にあるものも多い。

経済発展の著しい中国やインドでの実現はすぐには難しいだろうが、多くの先進諸国ではいわゆるスクラップ＆ビルド（単に壊してつくり直すという意味ではなく、既存製品から原材料を抽出し、つくり直すという意味）で、社会インフラも新しい需要をまかなえる状態にある（そして前述のように、２０５０年にはほとんどの国で人工物である社会インフラは飽和すると小宮山氏は指摘している）。

それは物質的には「ネット・ゼロ成長」ということもできる。成長と衰退とが入り交じり、ネット（正味・実質）でゼロであっても実感できる成長であり、その実現が次世代の社会課題ということになる。

すべての新しいものは、古いものからつくられる

主要な貴金属はすでに〝都市鉱山〟からまかなえる状況になっている。都市鉱山とは、都市部で廃棄された携帯電話などのＩＴ製品や家電製品に含まれている貴金属やレアメタル（希少金属）を、積極的に資源と考えて活用しようとする概念である。すでに、東京オリンピックのメダルは都市鉱山から〝採掘〟された貴金属を活用しようという動きもある。その場合、物流やサプライチェーンを整備しなおすなどの課題はあるが、物流という直接的な課題を乗り越えることができれば、一定の領域ではあるものの循環型社会が成り立ち得るところまできている。

今日、自然界にある鉱山は自然破壊への対応、環境保護などの観点からも、新規に開発・採掘しにくくなっている。だからこそ、たとえば都市鉱山によって実現する循環型社会を「あると便利（Nice to Have）」なものと捉えるか、それとも資源の本流として位置づけるかによって、次世代の社会課題の解決の具体的な対応のしかたが変わってくる。

プラスチックストローと循環型社会

最近のトピックとして、プラスチック、なかでもストローの問題が取り上げられている。ストローはあくまでも身近で象徴的な話題として取り上げられていると認識しているが、これを循環型社会における次世代の社会課題として取り上げるケースもあるはずだ。

企業から見れば、プラスチックを生産してきたメーカー、加工・製品化してきた企業、流通・販売してきた企業、また、エンドユーザーの産業全体が、プラスチックのより完全なリサイクルに関連する課題を次世代の社会課題として捉え、どのように解決していくか、という観点である。

たとえば日本では、プラスチックの8割以上が回収されている。新しくナフサから生産される以外にも、現在あるプラスチック製品をリサイクルしてつくられる製品も多い。

だが、これも先進国に限った話である。海岸に大量に打ち上げられているプラスチック製品がもたらす課題を解決するには、リサイクル技術とは別の観点が重要である。しかも、それは国内で解決できる課題ではなく、打ち上げられる海の先、日本の場合は東南アジア諸国との協調が必要になってくる。その協調を前提とした回収が実現できれば、プラスチックにおける循環型社会ができ上がる。

行うべき対応は、まず投棄国において循環させ得るシステムをつくることである。

日本の飲食業がプラスチックストローを使わず代替品を使うようにすること、またストローの消費量を減らすことは、とても重要な対応である。だが、それで次世代の社会課題が解決できたというわけではないだろう。

やはり、この課題においても一企業だけでなく、国、さらに諸外国も含めた社会全体でどう解決し得るかの議論が必要で、そのなかで自分の勤める会社としてでき得ることに取り組んでいく視点が欠かせない。それが後述する企業市民、さらに企業市民として果たすCSRに結びついていく。

グローバルＤＳＭが捉える社会課題

前述した六つの社会課題は、「会社として」というよりむしろ、ＤＳＭ日本法人の代表としての私が社会課題として捉えているテーマである。では、グローバルＤＳＭとしては、社会課題をどう捉えているか。

六つの社会課題のうち、特に①健康長寿社会の実現と、先ほど簡単に触れた⑥環境の持続可能性と循環型社会の構築、そして、その社会課題の根底を成すともいえる省エネルギーへの対応。この三つは、ＤＳＭが捉えている社会課題の領域である。

健康長寿社会に向けた変化のマグニチュード

これらの社会課題のなかで①健康長寿社会の実現について考えてみよう。

紀元前後の古代ローマ時代の人間の平均寿命は35歳前後であったといわれる。それから2

000年近くの年月が経ち、第2次世界大戦の前後では平均寿命が55〜60歳前後まで延びた。その平均寿命を踏まえて、企業では60歳定年を定めるようになり、65歳くらいで亡くなることを基準にして年金制度を定めた。つまり、現行の年金制度は定年後、亡くなるまでは平均して約5年間であることを想定してつくられた社会システムである。

ところが、今や定年は65歳であり、定年から平均寿命まではさらに20年間はある。制度設計時と前提がまったく変わってしまったのだから、年金財政は破綻して当然というべきである。そして、この年金財政の破綻の解決を次世代の社会課題として取り組むのは国家の重要な役割の一つである。

では、この長寿社会への対応を個人の社会課題として捉えるとどうなるか。厚生労働省の調査によると1970年の女性の平均寿命は74・6歳だったのが2000年には84・6歳となっている、つまり日本人の平均寿命はこの30年で10年ほど伸びたといえる。日・時間に換算すると、毎日8時間ほど寿命が伸びていることになる。

一晩寝れば、寿命をプラス8時間を獲得できる、と喜んでもいられない。毎日24時間以上寿命が伸びると、人間は死なないことになる。そう考えると、恐ろしいスピードで長寿社会は進んでいる。

この現実を踏まえると、国の医療費負担の抑制という観点でも健康長寿であることが極めて重要となる。たとえば、普段食べている食事が来る百歳人生に向けて栄養学的に十分なのか、従来とはまた違う視点で検討していく必要もあるだろう。

そして、それは食を提供する企業にとってはどういう社会課題となるか。私たちは急速に進展する長寿社会にふさわしい食と栄養を提供しているかということが、次世代の最重要な社会課題として挙がってくる企業もあるはずだ。

気候変動対策としてのエンジニアリング・プラスチック

ＤＳＭが社会課題として捉えている事例の一例として、自動車の軽量化への対応に触れておきたい。

自動車には多くの金属が使われている。ただ技術革新によって金属を代替できるさまざまな素材が生まれてきたなかで、従来の金属を使い続けるのが最良かどうか、冷静な目で見ていくことが欠かせない。

各国で燃費規制は強化されている。燃費規制は、左ページ図に示すように、たとえばヨーロッパでも厳しさを増している。

２０１５年には乗用車１台あたりのCO_2排出量が１３０グラム／キロメートルだったものが、２０２１年には95グラム／キロメートルまで低下させせなくてはならない。５年間で27％の削減という目標数値で、ヨーロッパの自動車の開発担当者からすると、呆然とせざる

ヨーロッパにおける乗用車の燃費規制

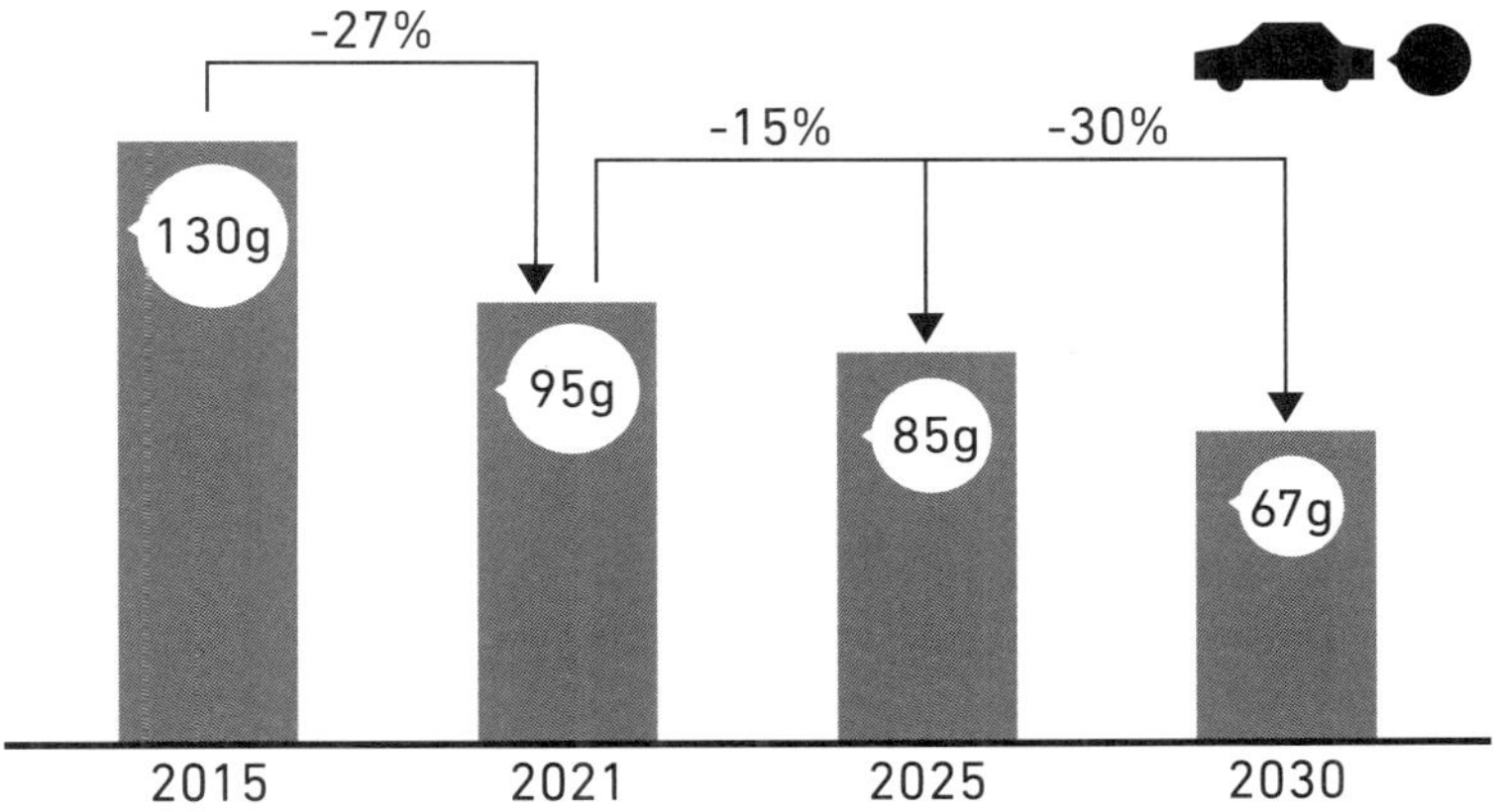

を得ないような厳しい目標である。２０３０年はさらに30％の削減が義務づけられる。

しかも、毎年の目標に対して未達成となると、１グラムにつき２ユーロのペナルティが販売台数に応じて課される。わかりやすいように単純計算すると、１グラム未達成の自動車を１０００万台販売したとすると、全体で２０００万ユーロのペナルティが発生する。日本円にして25億円レベルの罰金である。

燃費規制は、自動車メーカーの経済活動の観点からも、非常に重要な課題になっているのである。

このため、いかに自動車を軽くするかを考えなくてはならない。たとえば、エンジンのなかのピストンを駆動させるドライブチェーンという部品がある。そのドライ

自動車のエンジンに使われるチェーンテンショナー。
金属からプラスチックに替えることで燃費の向上につながる

ブチェーンが機能を果たすために組み込まれたテンショナーという部品には従来、金属が使われてきた。だが、この金属も最新のエンジニアリング・プラスチック（当社では「スタニール（Stanyl）」という製品）で代替できる。

従来、この部品は常に摩擦を受け、しかも10年で10万キロメートルの走行に耐え得る耐久性が必要であったため、素材選定には苦慮してきたようだ。この部品に高機能エンジニアリング・プラスチックを活用することで、軽量化と摺動性の向上によってCO_2排出量が１％程度削減できることになる。

ＤＳＭが絞った三つの事業領域と企業が打ち出す次世代産業の中核要因

企業が何を次世代産業の中核要因とするか。その一例として、私の属するＤＳＭでの対応を整理しておきたい。

ＤＳＭでは、次の3項目を次世代に向けた中核要因と考え、また事業のコア・ドメインと位置づけている。

①健康的な生活（Nutrition & Health）
②気候とエネルギー（Climate & Energy）
③資源と循環型社会（Resources & Circularity）

これは端的にいうと、世界中のＤＳＭがこの三つのドメインを実現できるような事業を推進していくということである。

エネルギー分野を次世代産業の中核要因に置く

三つの事業領域のなかで、②「気候とエネルギー」、特にエネルギーについて、その様相を見ていこう。

エネルギーについては、前出の元東大総長の小宮山宏氏が、「エネルギー効率は2030年、2050年というスパンで考えると、現在の3倍程度の効率化は可能」といったことを述べている。単純にいうと、自動車は同じエネルギーで現在の3倍以上の距離を走ることができるということだ。

つまり、同じ移動距離でよいということであれば、エネルギーの消費量は現在の3分の1以下で済むということになる。それほど、省エネは技術の革新によって可能であり、それは社会の革新ともなり得るということである。

また、太陽電池の浸透など個別の産業分野を次世代産業の中核要因に据えている企業もあるだろう。太陽電池産業もこれまでの需要成長の伸縮が激しい時期を乗り越え、昨今は安定して成長し得る分野になってきた。かつては補助金・助成金を通してようやく成り立っていた感もあるが、ここにきて、安定した電源として活用されるようになってきている。

これは端的には1キロワットアワーあたりの発電コストが安定的に下がるようになってきたことを意味する。もちろん、どこで、どんな状況で発電するかにより異なるが、世界では

1キロワットアワーあたり50〜100円以上したものが2〜3円レベルまで下がってきた。奇跡のようだが、そういう状況になっているのだ。

それぞれの部品の発電方式や素材、いわゆる技術構成に関しては、まだまだイノベーションの余地がある。さらにエネルギー効率を高めるため、継続的に研究開発が行われているのである。

企業の技術革新と社会課題

企業の技術開発を、より社会課題の観点から見ていこう。そこには産業構成がどうシフトしていくべきか、企業がどうシフトさせるかという観点がある。この観点から最近、「炭素生産性」という言葉が使われ始めてきた。

炭素生産性とは1キログラムのCO_2を排出するにあたって、どの程度のGDPを生みだすことができるか、という指標である。この炭素生産性をいかに高めるかという議論がようやく企業内や国際会議の場でも語られるようになっている。

一方で、この炭素生産性という指標は、また別の視点ももたらす。地球が許容できる人為的なCO_2排出総量（いわゆるカーボン・バジェット。産業革命前からの気温上昇を2度以内に抑えるには、CO_2の人為的な累積排出量は840ギガトンが上限となるというもの。

すでに6割を排出しているとされる。IPCC第5次評価報告書より。）が限られたなかで、同じCO_2排出量でより高い経済性・GDP・付加価値をいかに生み出せるか、という視点である。この視点も、官庁や企業の事業ポートフォリオの議論のなかで、少しずつ影響力を持ち始めている。技術革新を通してわずかでも少ないCO_2の排出が可能となれば、炭素生産性が高まるということである。

気候変動、エネルギーとSDGsの関連性

このエネルギーの論議と炭素生産性の論議は、どちらかの議論を尽くし、方向性を見定めれば済むというものではない。いわばセットになっている。それが73ページで示した「②気候とエネルギー（Climate & Energy）」ということである。「気候」はCO_2を減らすことであり、「エネルギー」は省エネのこと、と捉えればわかりやすいだろう。

気候変動対策とエネルギーはSDGsに組み込まれている。気候変動対策は社会課題の中核要因の一つとして欠かせないものであり、その目標設定や実現スケジュールの策定はSDGsの実現をめざす企業にとっても欠かせない。

そう理解できる人・企業もあれば、そう理解できない、もしくは理解しない人・企業もあるだろう。たとえば、「理想論としてあり得るが、それは社会課題というべきものでもない」

「それが本当に社会課題といい得るか。いい得るなら、その実現で産業の需要が本当に高まってくるのか。そもそもそのことを追い求めてメシが食えるのか」といった議論だ。だが、そのように考える人は、社会課題を解決し得ず、換言すると、次の需要を喪失していると捉えることもできる。

企業にとって社会課題とはなりにくいテーマへの対応

企業にとっては、その社会課題の解決が需要を生みにくく、解決すべき社会課題とはなりにくいテーマもある。ＤＳＭでは、たとえば前出の「③文化的な豊かさと、それを担保する生涯教育、教養」（60ページ）という社会課題に関しては、事業領域として取り組んでいるわけではない。

このように、自分自身が重要であると考えることと、自分の属する企業が重要であると考え事業領域として取り組んでいることが異なる場合もあるはずだ。

企業として重要なことは、まず、自社のこれまでの事業を踏まえ、そこから次世代の中核要因が何かを抽出し、企業としてその要因を攻略できる領域として事業化することである。そして、その領域での次世代の需要創出・儲けの源泉を見つけ出し、企業活動の原動力としていくことではないだろうか。

教育機会の均等やジェンダー平等といったことについては、ＤＳＭでは社内的な対応は進んでいるが、それを「企業における次世代産業の中核要因」として事業的に直接手がけていない。

私は社会課題の解決は次世代産業の中核要因、すなわち次のビジネスの中核要因に据えることで初めて実現できると考えている。

ＳＤＧｓにおいても企業が貢献し得る役割は、ビジネスとして取り込んでいくことによって初めて実現し得る。そして、その考え方は、ビジネスとしてＣＳＲを捉えることにつながっている。

ＣＳＲはもう古い？

企業は新たな社会的責任に舵を切った

従来、日本企業においてもＣＳＲ推進本部といった部署が創設されてきた。企業も一市民と捉え、果たすべき社会的な役割・責任があり、その重要性が盛んに議論されてきた。だが一方で、「ＣＳＲの時代はもう終わった」という議論もある。

日本企業におけるＣＳＲには、ともすると事業によって収益を上げた企業が、余力を生かして推進するという傾向があった。どんなにその意義を並べたとしても、実態としてそのような面があったのは否定できないであろう。

だが、「ＣＳＲと事業は同時追求してこそ意義がある」というのが世界の新しい潮流である。これを、事業を通してＣＳＲを推進すると捉えてもよく、もっといえば「ＣＳＲで稼ぐ」という考え方でもよいだろう。

事業とサステナビリティ、ＳＤＧｓも同時追求する

ＣＳＲはサステナビリティ、ＳＤＧｓの追求と置き換えることができる。事業とサステナビリティが別のものとしてあるのではなく、サステナビリティを事業に組み込んで、事業として推進し、収益を上げていく。それが、企業がサステナビリティを実効あるもの、意義あるものとするためには大切ではないだろうか。

実は営利を追求する事業と「社会的なもの」を別と考えるかどうかは、ＣＳＲやサステナビリティに限った話でもない。今日、およそ「社会的なもの」と事業とは統合され、事業を通じて社会性を発揮し、それを持続していくことは企業において欠かせない重要な視点となっている。

たとえばオランダでは、後述するパリ協定の順守が危ういと発表した環境大臣に対して、中学生１４００人が「最大限、順守に努力すべき」と授業ボイコットというストライキを行った。そのように、「社会的なもの」の実現への関心は高まる一方で、そのことに対して企業は自社の利潤の追求に邁進しているだけでいいのかという機運も生まれている。

「『社会的なこと』の実現に努力できない国や企業では働きたくない」と抗議している子どもがたくさんいる。このストライキをそう理解できるか否かが大きな分かれ道だ。その子どもたちが大人になれば、社会的に意義のあることで稼いでいく道筋をみずから見つけだして

いくだろう。

浸透してきた「インテグレーテッド・アニュアル・レポート（統合年次報告書）」

こうした観点から、企業では「インテグレーテッド・アニュアル・レポート（Integrated Annual Report：統合年次報告書）」を発行するところも増えてきた。財務情報などを示した年度の決算と、その年度における企業のＣＳＲに向けた取り組みとを統合した報告書である。

ＤＳＭのオランダ本社でも、２０１０年から発行している。

発行のきっかけは、当時、社会科見学としてオランダの中高生を招いたとき、オランダ本社の会長と次のような質疑応答があったからだ。

「ＤＳＭは新しい事業を始め、サステナビリティにも力を入れている。でも、事業の成果を表すアニュアル・レポートとサステナビリティ・レポートが別々なのはなぜですか？」

その中高生の問いかけに対し、当時の会長はこう答えた。

「たしかにそうだ。事業とサステナビリティを同時追求しているといっているのに、別々のレポートにまとめるのはおかしいよね」

それからは、両者の内容を統合した「インテグレーテッド・アニュアル・レポート」を発表しはじめたのである。

その生徒の素朴な質問は的を射たもので、核心を突いたものだ。社会課題の解決を次世代産業の中核要因とするのであれば、それを事業の中心に据え、その成果を測り、そこで事業収益を上げていく仕組みづくりが重要なのである。日本でも最近、「統合報告書」を出す企業が増えてきた。

DSMが「インテグレーテッド・アニュアル・レポート」にかけた思い

DSMの「インテグレーテッド・アニュアル・レポート」では、冒頭に「三つのP」についての実績が記載されている。「People」「Planet」「Profit」のPである。

サステナビリティを次世代の中核要因、すなわちDSMの存在理由や意義に据えたとき、人間社会と地球環境と利益、この三つの持続可能性をめざす企業であることを端的に示している。そして、「インテグレーテッド・アニュアル・レポート」は、この三つのPの観点から、その年度に何を行い、どのように費用をかけ、どのような成果を得たかについて示しているのである。

あらためて見返してみると、過去いかに「Profit」に偏った、いわば狭い見方での事業運営をしていたかがよく理解できるようになる。「企業の存在・存続意義は『Profit』だけではない」ということも理解できるようになる。

DSMがめざす「3つのP」

「インテグレーテッド・アニュアル・レポート」も「三つのP」の概念も、瞬時にでき上がったわけではない。何年も試行錯誤を重ね、充実させてきたものだ。

有言実行を美徳とする国際社会のなかで

サステナビリティに対する日本人のアクションの起こし方を捉えたとき、いくつかの行動をキーワードで示すことができる。その一つが、日本は有言実行を美徳とするのではなく、不言実行を美徳としているということだ。

国際会議の場でも、どうしても「取り組んでいる」ことを正確に強く表明しない」ところがある。それが自国・自社の立場を不利にしているような面もある。

サステナビリティの議論でも、同様のことがいえる。たとえば、カーボンプライシングに関する議論である。カーボンプライシングとは一言でいうと、「CO_2に価格を設定し、企業や家庭がその排出量に応じて費用負担することで、CO_2全体の排出量の削減を促す施策」のことである。その価格設定と費用負担に関しては、税として社会に組み込む方法もあれば、カーボン排出権取引といった売買制度をつくり、そこで価格設定や費用負担を行うという対応もある。

DSMはこのカーボンプライシングに関しては推進派で、大規模な投資を行う場合に、対象プロジェクトから排出される炭素の排出量を計算し、その数字に対して価格づけをする「インターナル・カーボンプライシング」を導入している。その際に、日本企業からよく受ける質問は、次のようなものである。

「実際には何を測るのか。CO_2のみを測定するのか。実際の測定方法を教えてほしい。計測結果のレポートはどのように提出・公表しているのか」

強いていえば、日本では1から100まですべて対応を詰めていかないと物事が先に進まず、そのことに莫大な時間と予算が費やされてしまう。

ところが、欧米企業では、インターナル・カーボンプライシングについて、「いいアイデアだ。とりあえず導入してみよう」となる。すると、現在の製品づくりのデータから得られる複数の情報を抽出し、「このデータをアニュアルレポートで報告しよう」といったように、すぐに意思決定がなされる。そのうえで、必要があれば軌道修正をどんどんかけていく。これがいわゆる不言実行に対する欧米流の有言実行の姿勢であると私は見ている。

国や民族のカルチャーの違いといってしまえばそれまでかもしれない。だが、その対応の差が結局はサステナビリティへの対応の遅さ・鈍さにつながっているというのはいいすぎだろうか。

儲かるＳＤＧｓと儲からないＳＤＧｓへの対処

企業が次世代産業の中核要因としてＳＤＧｓを捉えるとき、それが「儲かる取り組みになるのか、儲からない取り組みなのか」は当然重要な価値判断である。だが、私はこのことはとても小さな差によって生ずると考えている。「たいしたことではない」という意味での差ではなく、「ちょっとした対応で儲かるものにも儲からないものにもなり得る」という意味での小さな差である。

どんな会社でも、昨日まで儲からなかった事業がある日突然儲かり始めたり、その逆のことが起きたりすることはあるはずだ。そんなとき、少し広い視野で見れば、皆同じ土俵に上がって取り組んでいて、やりようによって儲かる場合もあれば、儲からない場合もあるという状況が起きているケースがほとんどである。

すると、儲かるＳＤＧｓと儲からないＳＤＧｓは明確に分かれるという性質のものではなく、どのＳＤＧｓに取り組むにしても結果的に儲かるＳＤＧｓにしていくことが重要な課題であることがわかる。

ストーリーはみずからつくるもの

ＳＤＧｓは、現代の人類の叡智を結集して組み立てられたものだが、１００年分の人類の叡智が結集して成熟しきった目標というわけでも領域というわけでもない。２０３０年に向けた〝当面の目標〟である。

だから、ＳＤＧｓという土俵で他社と競合するような状況が起きたとしても、対策は一つではなく、１００社１００様の対応のしかたがあるはずだ。

しかも、かつては重きを置いてこなかった領域もあるだけに、すべての産業にフロントランナーがいることになる。そのような産業構造のなかでは、先駆的すぎて失敗してしまったフロントランナーもいれば、漁夫の利を得たセカンドランナーもいる。

このような状況を踏まえると、ＳＤＧｓを次世代産業の中核要因として儲かるものにしていく場合、それをターゲットにでき得るようなガイダンス能力が必要である。儲かるＳＤＧｓにするためのストーリーをみずからつくり、ボードメンバーはもちろん、全社員の納得性を高めていく能力である。

ロングターム・ターゲットを設定する

ＤＳＭでは、ＳＤＧｓに限ったことではないが、ロングターム・ターゲットという長期に取り組むべき目標を指標として設定し、短期で達成すべき事業目標と区別して捉えている。長期戦略目標であるから、当然ながらその到達目標はハイレベルである。だが一方で、何も高邁な目標を掲げるのではなく、誰にでも「そのポイントをめざしましょう！」とわかるような指標を設定している。

たとえば、株価指数で有名なダウ・ジョーンズがサステナビリティ・インデックス（ＤＪＳＩ：Dow Jones Sustainability Index）という指標をつくっている。企業のサステナビリティに対する活動を「経済・環境・社会」の側面から評価し、総合的かつ先進的な取り組みを行っている企業の株式を、長期にわたり持続的な成長が期待されるＤＪＳＩ銘柄として１９９９年から、毎年9月に選定している。産業別、地域別のトップ格付もあわせて発表され、「そのランキングで最上位のゴールドクラスに入ること」をＤＳＭでは目標としている。

ＤＳＭはこれまでの15年ほどの間に、ケミカルセクターで１位を８回獲得している。このことは、当社が会社としてもロングターム・ターゲットとして目標にしているだけに、たいへん喜ばしいことだ。

そのほかのロングターム・ターゲットとしては、CO_2削減効率を２００８年の段階からどの程度向上させているのかを継続的に検証しているほか、再生エネルギー使用率、従業員満足度調査も重要な指標として毎期、検証・報告を行っている。

ロングターム・ターゲットの根底にある「エコプラスとピープルプラス」

ロングターム・ターゲットの指標の一つに、「エコプラスとピープルプラス」という指標がある。ＤＳＭでは、毎年、各事業についてサステナビリティにどれだけ沿っているのかについて、自部門の売上割合とともに測定している。

エコプラスとは環境ライフ・サイクル・アセスメントに近い考え方である。その製品のライフサイクルのなかで、どれだけ環境インパクトがあるのかを測定している。一方のピープルプラスは原材料の採掘段階から消費者が使用する段階まで、人にかかる約30の負荷を点検している。

また、このエコプラス・ピープルプラスの考え方は、グローバルＤＳＭのトップ２００人のボーナスにもリンクしている。単純にいうと、「サステナビリティに沿った事業を行い、環境・人的負荷の少ない製品・取り組みのなかで成果を上げないと、短期業績で判断するボーナスはあったとしても、長期で判断するボーナスについて減額せざるを得ない」と定めているのである。

「エコプラス」と「ピープルプラス」

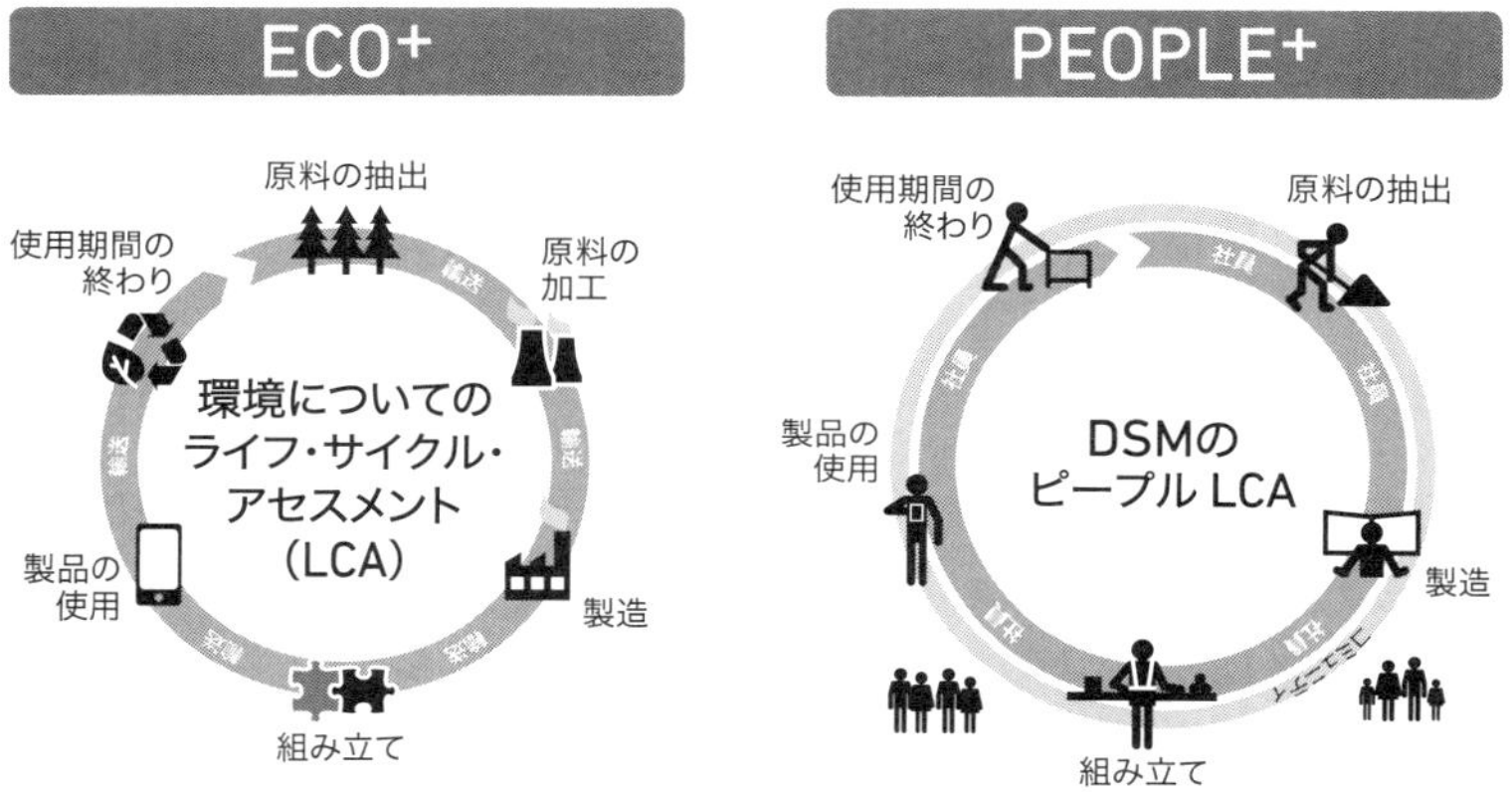

サステナビリティに合致した実績を上げられなかった事業はいずれ売却の対象にもなる。つまり利益は上がっていてもサステナビリティにそぐわないような事業は、ＤＳＭのポートフォリオから外れるのである。このように定めて初めて、ＳＤＧｓをビジネスの中核要因と捉え得ると考えてよいだろう。

なお、エコプラス・ピープルプラスの概念は、何かを選択すればよいということではなく、図に示すとおりサークル状になっている。また、両者は同等であり、両方を獲得・実現しなければならないという概念である。

そして、それぞれのサークルのスタートが、いずれも原材料からではなく「エンド・オブ・ライフ」、すなわち廃棄物、リサイクルからスタートしている点も指摘しておきたい。

この短期目標と長期目標、あるいはサステナビリティと利潤の「両方をめざそう」という概念は、ＳＤＧｓを捉える際にも重要である。とかく売上げ・利益目標の実現とＣＳＲの実現やＳＤＧｓの実現を別のものとして捉えていた感のある日本企業は、どちらを優先させるかという考えに傾きがちであった。

しかし、そうではない。一見、無理があるように見える両方の同時追求こそが、これからの時代のチャレンジとしてふさわしく、同時追求してこそイノベーションと相乗効果が現れ、より実現の可能性が高まってくると考えている。

第3章

IMPROVE・ENABLE・ADVOCATE 変革をもたらす3段階のアプローチ

ビジネスに変革をもたらす三つの視点

次世代産業の中核要因を社会課題の解決と捉え、それを産業として捉え、さらに具体的なビジネスにつなげていくにはどんな対応が必要か。まず、「ビジネスに結実させて初めて、世の中が変わる」という信念を持ち、そのことに疑いのない信頼を寄せることが欠かせない。そのうえで、次の三つの視点で対応していくことが重要になってくる。「インプルーブ（Improve）、エネーブル（Enable）、アドボケート（Advocate）」である。

自社をよくし、他社をよくし、社会をよくする「三方よし」の行為

三つの視点について、簡単に触れておこう。

インプルーブとは、「自社の状況をよくする」ということである。

エネーブルとは、他者に働きかけて何かを可能にするという意味であり「自社だけがよく

サステナビリティをビジネスに生かす3つのステップ

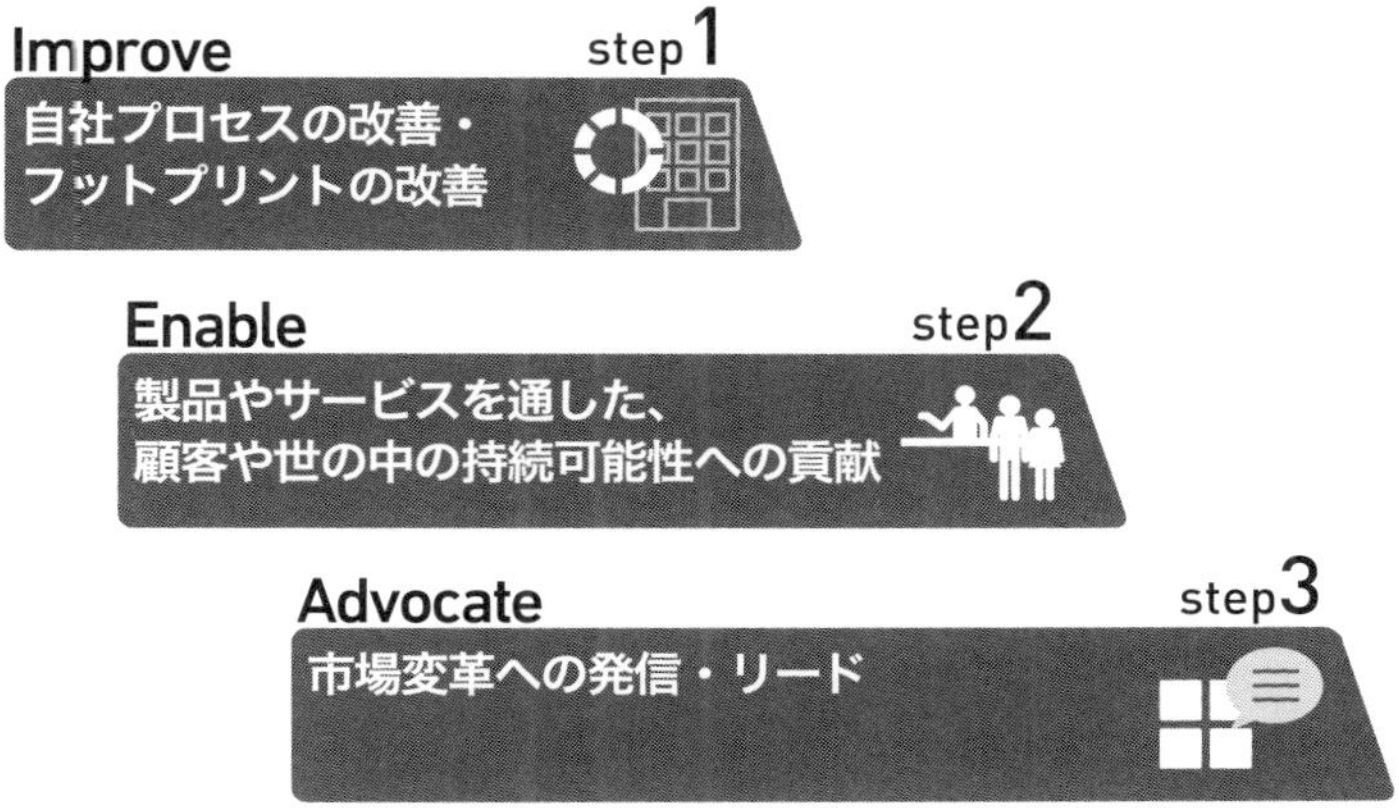

なったからよいというわけではなく、仕入先や取引先、消費者がよくなるように取り組んでいく」ことである。

そして、アドボケートとは「エネーブルされた状態をきちんと支援する社会制度づくりを提唱していくこと」である。

それぞれ一言で示すと単純なことのように思えるが、単純なことだけに何も手がけていないという状態もある。特に日本企業のCSRレポートを見ると、「インプルーブ」の実績のみに偏っている感も抱く。

ステップを踏んで対応する

この三つの視点は個別にあるのではなく、ステップを踏んでいくように高みに登っていくことが欠かせない。そのこと自体がイノベーションと捉えることもできる。

ＤＳＭでは、この三つの視点を前ページ図のように提唱している。これが、サステナビリティ、ＳＤＧｓへのアプローチである。私自身も、こうした段階に整理して取り組むことが企業の戦略の策定のためにも、自分の頭のなかを整理するためにも有用だと考えている。

インプルーブ（Improve）リデュース（Reduce）を超えた視点で取り組む

インプルーブとは「以前よりもよくする」ということであるが、悪いところがよくなるというより、その時点での善し悪しの程度にかかわらず、何かを補って進歩・上達するという意味合いがある。

その施策に経済合理性はあるか

インプルーブについてDSMでは、以前は「リデュース（Reduce）」という言葉を使っていた。日本に環境庁が発足した当時の3Rの一つで、「減らすこと。使用量を減らしたり、廃棄量や排出量を減らすこと。ゴミになるものの発生を抑制すること」という意味がある。

このリデュースという言葉だと、排出するCO_2の削減やリサイクル原料の活用によるバージンマテリアルの削減といった場合は言葉としてふさわしいのかもしれない。だが、サステナビリティ全体として考えたとき、必ずしも削減することだけに限らない。特に循環型社会においては、社会として進歩していくことが大切なのだから、リデュースよりインプルーブのほうがしっくりくるだろう。

そうした背景もあり、ＤＳＭでもインプルーブという用語が次第に使われるようになってきた。つまり、「環境負荷については、すべて減らすか改善するかの方向でやっていきましょう」ということである。

いったん削減してそれで終わりというわけではなく、継続して削減していく必要がある。特に、ゴミの削減や節電など自社が率先して対応することによって解決できるような活動の場合には、議論せずに削減していくことが重要である。

ＫＰＩの策定

ただし、そうはいっても、削減にあたってはどの企業においてもジレンマがあるはずだ。典型的なジレンマは、経済合理性との兼ね合いである。経済合理性を無視して、すなわちよけいなお金をかけてまで削減するということには一定の議論を重ねたうえでの理解が必要であり、削減や改善の方法も含めた検討を重ねる必要がある。

そこで、このインプルーブの段階ではKPI（Key Performance Indicator）を策定すると、社内的にも理解が得られやすい。KPIとは「重要達成度指標」などと呼ばれ、組織やチームで設定した最終的な目標を達成するために策定する、過程を計測・評価する中間指標のことである。

いきなり自社の全工場のCO_2の排出量をゼロにしようと目標を掲げるのではなく、実効性が大きい工場を特定し、その工場のCO_2排出量を毎年、数%ずつ削減していこうと中間指標を設定するケースがある。重点的にチェックするものを特定し、しかも一定期間で確認していけば、インプルーブの達成度合いも手にとるようにわかる。

エネーブル（Enable）

他者に活用してもらってこそ意義がある

エネーブルというのは、「他の人に、あることができる可能性を与える」ということになる。具体的には、ＤＳＭの素材、製品、サービスを通して、顧客（あるいはその顧客やエンドユーザー）のサステナビリティに関する取り組みを向上させることである。

企業はよりよい製品、サービスの開発に心血を注いでおり、その提供を通して事業収益を確保している。ならば、その事業の本流を通して、顧客・エンドユーザー・社会のサステナビリティ向上に貢献すべき、という発想である。

自社のサステナビリティに関する施策は自社で行ったとしても、それを波及させ、社会全体で実現していくには、その企業の製品やサービスを広めることが欠かせない。他者に働きかけることにより、その実効性を高めることにつながる。

これは、第４章で述べる世界を変える企業になるうえでも、重要なポイントである。本来、製品やサービスというものは、サプライチェーンのなかで何かしらの付加価値を生みつつ流れ、消費者に提供されるものだ。だから、エネーブルもサプライチェーン、バリューチェーンのなかで考えることが大切である。

エネーブルは「ビジネスチャンス」である

この場合、サプライチェーンのなかにいる企業がサステナビリティを「ビジネスチャンス」と捉えられるかが鍵となる。自社のサステナビリティへの貢献を次のバリューチェーンにつなげていくことが、エネーブルの効果といえる。

この発想の転換は重要で、それが行われないと、エネーブルという行為はサステナビリティにおいて、他所からの〝雑音〟となってしまうだろう。この状態を避けることは、サステナビリティにおける貢献の連鎖といってもよいだろう。

10年前か20年前、環境に配慮した製品というと自社内での改善活動に主眼が置かれていた。自社で使う原材料はリサイクルとする、もしくは自社の廃棄物を減少させる、広く社会に適用される環境ガイドラインに対して自社ではいち早く対応するといった対策である。

つまり、サステナビリティに関して、自社の運営にフォーカスされすぎていた面があったのである。

だが、昨今は、企業も、企業で働く個人も意識がだいぶ変わってきた。自社がインプルーブした製品を他社に活用してもらう。それを使った企業がさらにサステナビリティに貢献するという認識が生まれ、サステナビリティがビジネスチャンスにつながるという認識が生まれてきた。いわば、個々で独立していたサステナビリティがネットワークのなかで実効性を持って広がることがわかってきたのである。

個別の取り組みとネットワークでの取り組み、この二つのスピードや波及性を比べた場合、明らかにネットワークのほうが優位だ。それがサステナビリティへの理解が急速に広がった背景にもあるように思う。

エネーブルは企業の最も重要な活動

今後、エネーブルという考え方はBtoBなら取引先に対して、BtoCなら消費者に対してますます重要性が増してくる。エネーブルの活動は、これからの需要の創出につながっていくからだ。

これまでは、「当社では環境に優しい設計・運営、工場運営や製品づくりをしています」と標榜し、「だから当社の製品をお買い求めください」というPRのレベルだった。しかし、ここ数年はその訴えかけがまったく変わってきている。例示すると、「当社の原材料・素材は、自社の経済合理性のなかで、お客様の製品やサービスについて環境インパクトを減少・

インプルーブさせるソリューションとして提供できます。ご購入いただければ、そのソリューションをお客様の製品やサービスに確実に生かせます」といったことである。

サステナビリティの追求は、従来、日本的なCSRの枠組みのなかで語られることもあり、すると、「CSRを商売の道具にするのか」といった批判的な意見もあったように思う。そこは混同していただきたくない。むしろ（誤解を恐れずにいうと）、企業が取り組む以上、CSRも商売の道具の一つであり、自社が社会的責任としてビジネスに取り組んでいることを明確にしていくことが大切なのではないか。サステナビリティを追求するため社会課題の解決をめざし、そのために最適な技術・ソリューションを提供して対価である収益をいただく。そこに注力していく必要があるのである。

どんな企業でも、さらにエネーブルを推進すべき製品がある

アイデアや技術はすでに、それぞれの企業が独自に持っているはずだ。しかし、そうしたアイデアや技術がこれまでの経済合理性にそぐわないといった理由で、押し黙ったようになってしまっていることも多い。環境インパクトを抑えて製品をつくることができるのに、「もっと安くつくれ！」といわれるだけでは、そのアイデア・技術は日の目を見ることはない。ところが昨今は、環境インパクトのより低い商品の需要や、サステナビリティに貢献する

という付加価値が、市場で急速に上がってきている。このことを、研究開発、商品開発から営業部門まで、社員と経営陣が十分認識する必要がある。

一度、現在顧客に提供している自社の製品・サービスを、顧客のサステナビリティに貢献するというエネーブルの発想で見直し、洗い直してほしい。きっと、そこにはビジネスチャンスが見つかるはずだ。今日、「本当はこんなサステナビリティに適う工場がほしかった」「こんな技術があればすぐに組み入れてほしい」と考えるお客様は、数年前と比べても急速に増えているはずだ。

ＳＤＧｓは競争して奪取していく市場となった

東京大学未来ビジョン研究センター教授の高村ゆかり氏の言葉を借りれば、グローバルな低炭素市場は「市場の大争奪戦になってきている」という。まさにそのとおりで、奥ゆかしい日本企業が遅れをとっている感すらある。

サステナビリティ、さらにＳＤＧｓの一つひとつの目標は、企業にとって市場である――、このように意識変革していくことが求められる。語弊はあるかもしれないが、サステナビリティは企業があまったお金で「環境づくりにも貢献しています」と自社を紹介する類いのことではなく、「競争して奪取していく市場」なのである。

こう考えれば、エネーブルの重要性も再認識していただけるだろう。

ＤＳＭでも会社の事業領域・ビジョンとして「ピープル、プラネット、プロフィットに貢献する」と掲げている。このビジョンを社員は〝お題目〟として捉えるのではなく、「奪取していくべき市場」として捉えている。「ピープル、プラネット、プロフィットに貢献する」ことで収益を上げると理解しているのである。

アドボケート（Advocate）

提唱することで優位性の持てる市場を生む

アドボケートには、「提唱すること」といった意味がある。

これをサプライヤーサイドから、加えてサステナビリティの観点から見れば、「サステナビリティによって市場が変革していることを理解・賛同してもらえるような情報を発信し続けていくこと」となる。また、世の中がサステナブルな方向に向かいやすくし、企業が技術開発を加速しやすくするための仕組みを提唱し、市場変革のリーダーシップを発揮することを表す。

たとえば「炭素ゼロ社会」に向けたカーボンプライシングについて、ＤＳＭでは会長が世界銀行を巻き込んでカーボンプライシングリーダーシップ連合（ＣＰＬＣ）というプログラムを立ち上げている。低炭素社会の実現にはカーボンプライシングが大きな推進力となるという考えに基づいて発足した機関であり、カーボンプライシングの統一化された仕組みを社会的に構築していくことが目標とされている。

このようなことを発信していくこともアドボケートの一例である。

この目標が実現すれば、ＤＳＭとしては自社のソリューションがより市場に浸透し、自社はその市場の確かなフロントランナーと位置づけられる。企業側の立場では、市場において優位性を保つことができるのである。

企業文化・風土として根づいているかどうかも、重要な要素

カーボンプライシンググリーダーシップ連合のような活動は、見方を変えれば「自社を優位にするためのロビー活動」と受け取られる可能性もある。だが、ロビー活動であろうがなかろうが、結果的に省エネ技術が進歩し環境インパクトが低減され低炭素社会が実現されれば、サステナビリティの観点からは世の中はよくなる。ＤＳＭでは収益と地球・人類社会の課題解決を同時追求すると臆することなくビジョンに掲げており、そのアドボケートもためらいなく取り組んでいる。

このような活動は企業文化として根づいているかどうかが大きなポイントである。ＤＳＭの場合は、日本法人としても2年に1回程度、サステナビリティに関する大規模なフォーラムを関係省庁や関係機関の代表を呼んで開催している。

ただし、こうしたフォーラムの開催が私の職務として組み入れられているわけではなく、

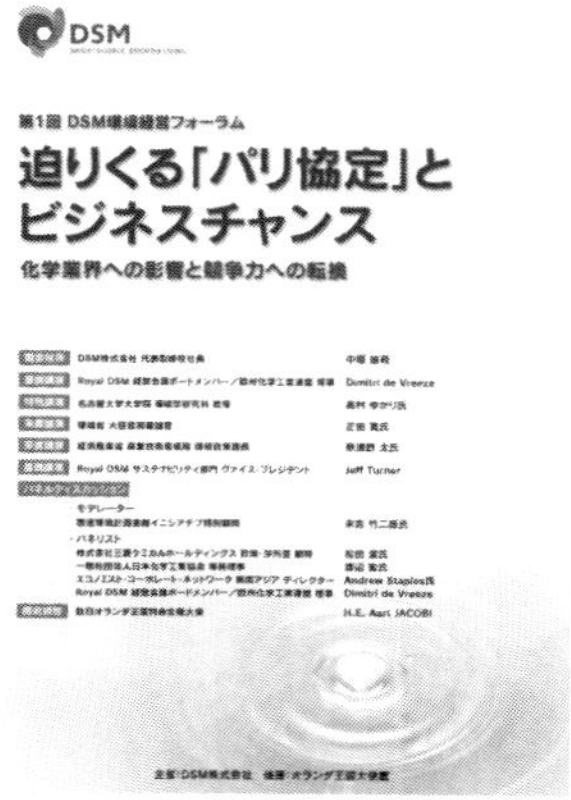

DSM日本法人は2017年、第1回DSM環境経営フォーラムを開催。政府や企業から多くの方々に参加いただいた。2019年3月には第2回となるフォーラムも開催した。

開催にあたって予算的な交渉をグローバル本社とするわけでもない。すなわち、グローバルにこのような活動を進めていくことを、会社として当然のことと認め、むしろ積極的に評価していく企業文化が根づいているのである。

各企業の〝稼ぎ頭〟の意識変革を！

ＤＳＭ日本法人の会合に参加して下さる方々は、企業のＣＳＲ部門に携わる方が多い。

私たちは、収益と地球・人類社会の課題解決を同時追求する。すなわち、脱炭素に向けた活動も、循環型社会に向けたリサイクル活動も、食や医療に関するサステナビリティに向けた活動も、それぞれを自社が取り組む市場として、その市場を攻略する目的で取り組んでいる。その点では、ＣＳＲ部門の方々とともに、営業に関わる方々に参加していただきたいと思う。

後述するパリ協定においても、それが各国共通の〝規制〟ではなく、ビジネスチャンスだと捉える。平たくいえば、「皆さん、パリ協定で稼ぎましょう！」ということだ。

このことに関する理解の差は、日本企業の間にもあるが、日本と海外各国の国民性の違いにあるのかもしれない。

日本企業の〝奥ゆかしさ〟はグローバルな競争においては後手に回る可能性も懸念される。極端にいうと、もっと積極的に、その市場の覇権をとるくらいの気概でサステナビリティに関わっていくべきではないだろうか。

サステナビリティ市場争奪戦はすでに始まっている！

サステナビリティ、SDGsを新たな市場と見なし、その市場、ビジネスチャンスに対して企業がどう取り組んでいるのか。DSMの例で見ていきたい。

企業にしか解決し得ない自動車産業のSDGs

まず自動車の例である。

CO_2排出量の規制はヨーロッパ諸国を中心に日増しに厳しくなっている。未達成の場合に自動車メーカーに課せられるペナルティも厳しくなってきた。当然ながら、その規制に対応するための市場が形成され、開発競争が繰り広げられている。現在の市場はまさに〝低炭素争奪戦〟の様相である。

現在の規制は、前述のように2025年までに2021年比で15％の削減、2030年までに2021年比で30％減という目標が示されている。これは2015年比だと、2030年までに排出量を現在の概ね半分にすることが求められている。逆にいうと、同じ排出量で倍の走行距離を実現する自動車を開発しなければならない。

毎年5％程度の燃費改善を図らなければならないことになるわけだが、そうなると自動車メーカーの開発担当者が頭を抱えるのも無理はない。

だがこれは、DSMのような素材メーカーにとっては大きいビジネスチャンスである。車体はもちろん部品の筐体の軽量化、駆動部などの摩擦軽減化などによって、「このプラスチック素材を使えば、この部分で1％削減でき、別の部分ではさらに1％……、と削減できます」といったソリューションを提案できる。

自動車メーカーの開発側からは「10年間10万キロ走るのが基準だけど、耐久性は大丈夫？」といった疑問が提示されることもある。その場合は、走行テストに協力するといった提案で対応していくのである。

フロントランナーになれるかどうかは、エンジニア次第

世界各国がサステナビリティに関して何らかのアクションをとれば、それを産業界、特に日本の産業界はまず「規制」と受けとめてしまいがちだ。だが、その受けとめ方のままでい

ると、その規制に乗り遅れ、取りこぼす企業になってしまう。産業界としては、規制はビジネスチャンス、「規制」を「目標」と発想を転換してこそ、そこに市場が見えてくるのである。

そして、規制によって生まれた市場で、誰が、また何がその規制を乗り越え、市場のフロントランナーとして認められるようになるのか。このカギを握るのは、技術、イノベーションしかなく、技術を持ったエンジニアしかいない。しかも、1社のエンジニアではなく、サプライチェーン全体で活躍するエンジニアである。

技術しか解決の方法がないということは、企業に解決を求めるほかないということでもある。もちろん、国が補助金を出したり何らかの支援策をとったりすることによって解決に向かうこともあり得るが、根本的な解決にはなり得ない。

太陽電池も世界では〝草刈り場〟の様相を呈している

太陽電池もDSMが力を入れている分野の一つである。多くの企業が太陽電池、なかでも太陽電池素材という分野の事業を縮小しているが、世界規模で見れば、まだまだ需要は大きく、伸びている分野でもある。そのなかにあってDSMでは太陽電池の素材技術で貢献していることをエネーブルの例として伝えることができる。

DSMは、ソーラーパネル向けの反射防止コーティング材をつくっている。太陽電池パネルのガラスの表面は太陽光を最大限に取り込んで外にエネルギーを逃さないような構造を持っているのだが、そのガラスにコーティング材を貼りつけることによって太陽光の透過率が数％（最大で４％）上がる。しかも、長寿命である。一般にソーラーパネルには25年程度の寿命が求められ、その間、安定した出力が維持されなくてはならない。

同じ太陽光の量で、電力の出力を引き上げることができるのだから、太陽電池を扱う企業、すなわちパネルメーカーにそのコーティング材を積極的に推奨する行為は、エネーブルの例ということができる。

パネルメーカーとしては、当社のコーティング材を活用すれば、単位面積あたりの蓄電量・発電量を上げることができ、それをユーザーに提案することができる。営業の現場では、単にコーティングというソリューションを販売するのではなく、電力量、エネルギー分野のサステナビリティを実現するためのソリューションを販売するという意識になるはずだ。

ＤＳＭは、この太陽電池のコーティング材では市場の６割以上を占め、日本では９割以上を占めるまでになっている。

トウモロコシの不可食部分を原料としてバイオエタノール燃料を製造

第2世代のバイオエタノールという新市場を切り拓く

バイオ燃料事業もサステナビリティへの対応の一例として示しておきたい。バイオエタノールという燃料で重要な点は、第2世代のバイオエタノールであるということだ。

第1世代のバイオエタノールは、わかりやすくいうとトウモロコシの食べられる部分（実）をエタノールにする技術である。その技術自体はすでに成熟していて、世界中に第1世代バイオエタノールメーカーがある。

ところが、DSMでは食べられない部分、いわゆるセルロース（繊維素）の部分を独自の酵素技術で処理し、エタノールを生成している。これは技術的には第1世代バイオエタノールより数段難しく、これまで数社が生成に挑戦してきたが、商業ベースで稼働している企業は現在DSMとポエット社のジョイントベンチャーだけである。

この製品技術を生かすには、結局、使い残したタダ同然のトウモロコシの食べられない部分が大量に必要で、それには物流コストがカギを握っている。その点でも、ポエット社の第1世代バイオエタノールプラントのすぐそばに工場を持ち、トウモロコシの非可食部をコストをかけずに得られる優位性があるのだ。

バイオ燃料をトウモロコシの不可食部だけ活用して生産できる点で、サステナビリティに適う燃料であると提案できるのである。

循環型社会を実現する接着技術

DSMに「Niaga（ニアガ）」というブランドがある。この素材で、100%リサイクル可能なカーペットを製造している。

これがどのようにサステナビリティに貢献しているのか。

たとえば、アメリカでは年間約180万トンのカーペットを廃棄しているといわれ、それが埋め立てゴミの多くを占めている。従来製品は多層であるカーペットの層をはがすことが

100%リサイクル可能なカーペットNiaga

難しく、廃棄して燃やす場合も有害なガスが出てしまうため、埋め立てゴミとして処分されている。

アメリカ国民1人あたりに換算すると、年間約6キロになる。相当な廃棄量といってよい。

そこで、この「Ｎｉａｇａ」というブランドは、独自の接着材料・技術を活用し、はがしやすく１００％再利用できるカーペットの商品化を実現した。

また、製品により単一のポリエステル素材のみでつくられているものもあり、リサイクルする際にも複雑な分解作業を必要としないのである。

「Ｎｉａｇａ」はよりリサイクルしやすいような接着技術とカーペットの構造を取り入れたことで、従来のカーペット生産に転換をもたらしている。そして、この接着技術はカーペットだけでなく、クルマのシートなどさまざまものに応用可能だ。

今後、「Ｎ・ｉａｇａ」は循環型社会、サーキュラーエコノミー（再生し続ける経済環境）に対応していく際にも重要な技術といってよいだろう。

食のサステナビリティの最先端の動向を押さえる

食のサステナビリティは最近、とみに注目を集めている分野である。世界で増え続ける動物性タンパク質への需要に対応して、飼料穀物を生産するための農耕地が増え続けている。このために毎年1700万ヘクタールの熱帯雨林がアマゾンから減少している（WWF調べ）ということは意外に知られていない。2年間に一つのペースで日本の面積に相当する熱帯雨林が失われ続けている。

このため、より少ない飼料で畜産の生産効率を高めるべく、同じ飼料作物からより多くの栄養素が取り出せる消化酵素の研究が、食のサプライチェーンにおけるサステナビリティの観点から必要とされている。

一方、消費者の口に入る直前の小売業では、食品のトレーサビリティを徹底する対策もとられている。だが当然ながら、トレースしたうえで、どう対応するかという課題がある。

この対策は複層的な要因に対してサプライチェーンはもちろんのこと、消費者も含めたバ

温室効果ガス削減のため、牛のゲップを減らす酵素の商品化が進められている

リューチェーン全体で解きほぐし、解決を図っていく必要がある。

牛のゲップを減らす⁉

食のサステナビリティにおいても、企業がイノベーションを発揮できることがある。DSMでは、「牛のゲップ」に着目した取り組みを始めた。

畜産業から生まれるメタンガスは、地球全体の温暖化ガスの14％を占めるといわれている。その14％の過半は、牛のゲップによるものと想定される。つまり、畜産業において牛の腸内環境を整え、代謝効率を上げれば相当程度のゲップが抑えられ、もってメタンガスの発生を抑制する効果がある。

DSMの研究員が調査研究を重ね、試験

を行ってみたところ、概ね3分の1程度までゲップを減らせる酵素があることがわかった。当初は、「こんな技術が本当に売り物になるのか」と訝る声もあった。だが、世界中に畜産大国と呼ばれる国はある。その国をターゲットに定めて研究を重ねた。

パリ協定の順守のためにも温暖化ガスの削減が不可欠となれば、そこに大きなビジネスチャンスがあると捉えるべきだ。たとえばＤＳＭの本拠地オランダでは、この研究を政府が積極的にあと押ししてくれるようにもなった。ニュージーランドでも、製品化に向けて試験が行われている。畜産業を国の主要産業としていない国からは、「牛のゲップ？　何をやっているんだ」と思われるかもしれないが、当該国では真っ先に取り組むべき国の重要課題なのである。

実は、この酵素を発見した研究者は、もともとずっと牛の腸内環境について研究していた。彼はサステナビリティの観点から、自分の従事している仕事をあらためて見直してみたという。その結果の発見である。

未開拓の分野が広がる食のサステナビリティ

食のサステナビリティに関しては、まだまだ検討余地も多い。環境インパクトの大きいものが多く、そのソリューションテーマが数多くあり、また、未開拓の部分も多く残されている。その一つに鳥（ブロイラー）の飼料がある。

1キロあたりの肉を生産するのに、どのくらいの飼料が必要か。牛は最も効率が悪い部類で7キロが必要だ。豚は3キロ。鳥は2キロを切り、1・4キログラムほどになっている。人間は動物性タンパク質の摂取も必要であり、そのため、これだけの飼料を用いて肉を生産しているのだが、飼料の量が少ないといわれる鳥においても食肉生産量より多くの飼料が必要であり、し尿として排出されるリンや窒素もある。

だが、それも特定の酵素を使うことでバイオアベイラビリティ（bioavailability：生物学的利用能）を引き上げることで、飼料の量を減らしても同じ成長が可能で、また、フンを通したリンや窒素の排出量を削減できる手法が開発されている。

飼料動向のなかで世界的に重要なのは大豆である。大豆は世界の生産量がこの10年で50％ほど伸びている食材であり、実は多くの量が家畜の飼料として消費されている。地球全体の耕作農地のうち、約10％が大豆農地である。また、飼料向けの大豆の生産量はこれからの10年で1・3倍に増えるといわれている。この多くが、ブラジル・アマゾンだとされ、すなわち熱帯雨林を切り拓いて大豆農地にあてているのである。

一方、世界規模で中間所得層が増えると、鳥肉の消費量が増えることになり、すると、飼料の供給量がよりいっそう増えていくことが予想される。当然ながら飼料からプロテイン（タンパク質）への転換効率を上げることができれば、農業畜産から地球環境へのインパクトを減らすことができる。

ＤＳＭで進めている動物飼料向けのソリューション技術・製品は、サステナビリティの追求という本来の事業目的から生まれたものである。だが従来は、この点が訴求ポイントとなりにくく、それこそ農家の方に「当社の製品を含有した飼料を使っていただければ、購入する飼料が少なくて済み、コスト削減につながります」といった訴えしかしていなかった。

このソリューションを使えば、飼料の量が減らせる、畜産物のし尿の量が減る、し尿に含まれるリンや窒素が減る、環境インパクトが減る、今後値上がりが予想される大豆の使用量も減る、儲かるだけではなく、地球環境のサステナビリティにも貢献できる。このようなことを農家の方にも明確に伝えていくことが必要であろう。

行き場をなくした繊維がサステナビリティで甦る！

DSMの事業サイクルにおいて、エネーブル活動は前述したエコプラス、ピープルプラスという考え方に関わってくる。DSMでは、地球環境にプラスの影響があること（エコプラス）、人間社会・健康にプラスになること（ピープルプラス）であることの両面を重視している。つまり、独自の算定基準でサステナビリティへの貢献度合いを指数化し、65％以上の売上げがエコプラス・ピープルプラスとして認証された製品、サービスとなることを事業に求めている。

DSMでは、すべての事業にサステナビリティに関するアセスメントが行われる。この社内的な効果は、「私の関わっている事業は、サステナビリティとはあまり関係がないな」とはいっていられなくなることにある。

エコプラスでは、水、エネルギー、大気などに対するインパクト、ピープルプラスではヘルスコンディション、ワーキングコンディションなどに対するインパクトに関して指数化される。その基準において、ふさわしくない結果の事業を続けていると、その事業は売却するという経営判断もなされ得る。そのため、グローバルトップはもちろん全社員がこのことに真摯にならざるを得ないのである。

世界最強の繊維が掘り当てた〝鉱脈〟

ＳＤＧｓと企業利益の両方の実現、しかもエコプラスとピープルプラスの実現が、企業の現場でどのように行われているのか。ＤＳＭの「Ｄｙｎｅｅｍａ（ダイニーマ）」というスーパー繊維の事業を紹介しておきたい。この繊維は世界最強の繊維といわれるほどの強度があり、防弾チョッキなどにも使われている超高分子ポリエチレン繊維である。主に防弾チョッキなどライフプロテクションの分野で使用されていた。

ところが、軍事需要の減少などを受けて、民生分野での利用を各メーカーとも検討するようになってきた。その頃、ＤＳＭでは「防弾チョッキに使われていた繊維とサステナビリティをどう結びつけるか」と疑問の声が上がっていた。「技術はいいけど、この事業は当社にはそぐわない」という声すら出ていた。

ところが、である。議論を重ねていくうちに意外な活路を見出した。タンカーを港に係留するための鎖である。重い鎖の代わりに軽い「Ｄｙｎｅｅｍａ」を使用すれば、鉄の15倍と

鉄の替わりに船の係留ロープとして使われるようになった超高分子繊維Dyneema

いわれた強度は申し分なく、しかも水に浮き、女性が一人で扱えるほど軽い。「Dyneema」の事業部門では早速、港湾業者に勤める女性の割合を調査し、急速に増えていることを突きとめた。加えて男性の港湾事業者も含めると、相当数が腰痛になやまされていることも……。

ここにきて、事業売却もやむなしと思えたスーパー繊維が息を吹き返したのである。「Dyneema」は新しい技術用途を見いだし、しかも、ジェンダー平等やダイバーシティにも貢献する。軽量化によって腰痛の港湾事業者も減り、港湾関係者の労働環境が大幅に改善されるという健康面での配慮も大きなアピールポイントだ。

重要なフレームワーク思考

サステナビリティをビジネスチャンスとする例は、ＤＳＭに限らずどの会社にもあり得るはずだ。大事なことは、当事者が本気になってＳＤＧｓと企業利益の〝二兎を追う〟ことに真摯に向き合うことだろう。

なお、つけ加えると、このように事業化において何を訴求し得るかを考える際には、「フレームワーク」という手法が重要である。その事業ターゲットを、自分なり、もしくは経営側が想定しているフレームに落とし込み、その事業ターゲットが未開拓である部分を追求していくのである。

このようなフレームワーク思考を突き詰めていけば、思いもよらぬ新しい用途の発見を導きだすこともできる。さらに、そのフレームワークに、サステナビリティへの貢献度合いやインセンティブへの影響なども組み込んでいけば、その事業ターゲットをどのように生かすべきか、具体的な戦術も見え、さらに事業に関わる多くの社員がビジョンを共有しやすくなるだろう。

売れるほど世界がよくなるビジネスへ！

サステナビリティを強く志向する企業は「売れるほど世界がよくなるビジネス」を行っているという認識を強く持つことが欠かせない。社長が「売ってこい！」と発破をかけ、社員が「とにかく売れればいい」とだけ考えるようになってしまうと、収益とサステナビリティは完全に分離され、サステナビリティを唱えるほどにお題目になってしまう。

そうではなく、「この製品、あのサービスはお客様、自社を含めたサプライチェーン全体のサステナビリティに貢献し、もって消費者の利用や満足も含めたバリューチェーン全体のサステナビリティにもつながる」という確信的な安心感があってこそ、営業にも力が入る。

「確信」を武器に

ＤＳＭの場合でいえば、たとえば単に「自動車向けにプラスチック」と思って売っているだけではない。それが、自動車の軽量化、CO_2排出量の削減、燃費の改善に貢献し、社会課題の解決に貢献すると社員が確信を持って販売しているからこそ売れる。そして顧客も安心して使うことができ、その自動車を消費者に安心して販売できるのである。

「売れるほど世界がよくなるビジネス」に、確信を持って自分が関われること。これはどんな企業がサステナビリティに関わる際にも、重要なキーワードになる。今後のビジネスのカギを握っているともいえる。

同様のことをＤＳＭでは「Doing well by doing good」と表現している。最新の中期戦略では「Purpose led, Performance driven」をテーマに掲げた、すなわち、「目的や大義に主導されるようにビジネスを推進すれば、社会課題の解決につながり、それによってお金儲けができる」ということになるだろう。

投資家も社員も選択の舵を切った

10年前か20年前かは定かではないが、グローバルＤＳＭの会長がサステナビリティに本格的に取り組もうと考えたとき、投資家から「あなたの理想はよくわかるが、あなたはお金儲けとサステナビリティのどちらがしたいのか」とよく問い詰められたそうだ。その投資家のいわんとするところはよくわかる。

だが、この10年でずいぶん考え方が変わってきた。サステナビリティも収益も同時追求していっこうにかまわないという状況が現在である。今後は、同時に追求しなければ成功の果実を得られないという未来が待っている。

大手機関投資家のＥＳＧ投資の流れに見るとおり、投資家も「サステナビリティは必須だ」とはっきりいい、そうあることを評価するようにもなってきた。そして、社員も「稼ぐだけの仕事は嫌だ」とはっきりいうようになってきている。広く産業界を捉えても、お金儲けとサステナビリティを同時追求できない企業は、その業界から置いていかれるような時代になるだろう。

すべてのステークホルダーが、「売れるほど世界がよくなるビジネス」を志向し、「サステナビリティを追求することで、収益を得ることができる」と考えるようになっているのである。

第4章

「世界を変える企業」を創造するステップ

「世界を変える企業」に求められる要件

ＤＳＭは２０１８年、米フォーチュン誌「世界を変える企業」に3年連続で選ばれた。「世界を変える企業」というだけあって、他に選出された企業は売上高が数兆円レベルのグローバル大手が並ぶ。そのなかにあって、ＤＳＭが選出されたことは驚きであり、たいへん喜ばしく思う。

フォーチュン誌上の記述でも、「ＤＳＭのような名の知られていない企業でも、よく見ていくとサステナビリティ、特に環境インパクトの低減について大きな貢献を果たしている」と評価していただいた。

２０１８年の3年連続選出の際に発表したニュースリリースでは、次のような点をアピールした。

・**DSMと独エボニック（Evonik）社によるジョイントベンチャーであるヴェラマリス（Veramaris）において、天然の魚から採取する魚油ではなく、海藻を使ってオメガ3脂**

肪酸を生成する先進的な技術が評価された
この取り組みによって、ヴェラマリスは海洋資源への負荷を低減し、海洋生物の保護にも貢献している
・先端技術で海洋プラスチックの除去に取り組む非営利団体オーシャン・クリーンアップ（The Ocean Cleanup）をサポートしている

オーシャン・クリーンアップの公式パートナーとしては、研究施設の提供、素材関連の情報やネットワークの共有、そして第3章で述べた合成繊維素材「Dyneema」の提供などを通じて、団体の取り組みを支援している。船の接岸時に使うロープに最適な素材であることは前述したが、オーシャン・クリーンアップは、この素材を使って、海流に乗って漂流しながらプラスチック片を回収する装置の開発に貢献したのである。

国営の石炭会社がなぜ？

ＤＳＭは栄養、健康、持続可能な暮らしの分野を事業ドメインとして、ピープル・プラネット・プロフィットを標榜しサステナビリティを追求している。これはＤＳＭのグローバルなアジェンダということもできる。

私が日本でさまざまな機会にプレゼンテーションをする際にも、まず、83ページの図の説

明から入る。個人的に、この画像が好きなこともあるが、何よりも、プレゼンテーションを聞いていただく方に、大事なこと、重要なことは何か、当社の場合はこのアジェンダを基本に、ブレることなく事業に取り組んでいることを知ってもらいたいためである。

ポートフォリオの大転換がもたらした可能性

ＤＳＭは１９０２年、Dutch State Mines（ダッチ・ステート・マインズ）というオランダ国営の石炭会社からスタートしている。今でもオランダ本社の近くに採掘場、ボタ山の跡が残っていて、そのボタ山は山と雪の少ないオランダで、今は人工スキー場になっている。地下の採掘場跡のおかげで社屋が傾くという、笑うに笑えない話もあるような老舗の会社である。

CO_2の排出などでとかく標的にされかねない石炭事業を祖業とする会社が、サステナビリティの先陣を切っているというのも不思議な話ではある。

ＤＳＭは石炭の採掘会社から、まず肥料や石炭化学の会社に事業転換した。さらに、石油化学会社に事業転換していった。そして、２０００年代初頭には、ライフサイエンスとマテリアルサイエンスを事業の両輪に据えてきた。

次ページ図に示したポートフォリオの変遷を見ても、１９９５年当時は石油化学が６割ほ

DSMの事業ポートフォリオの変遷

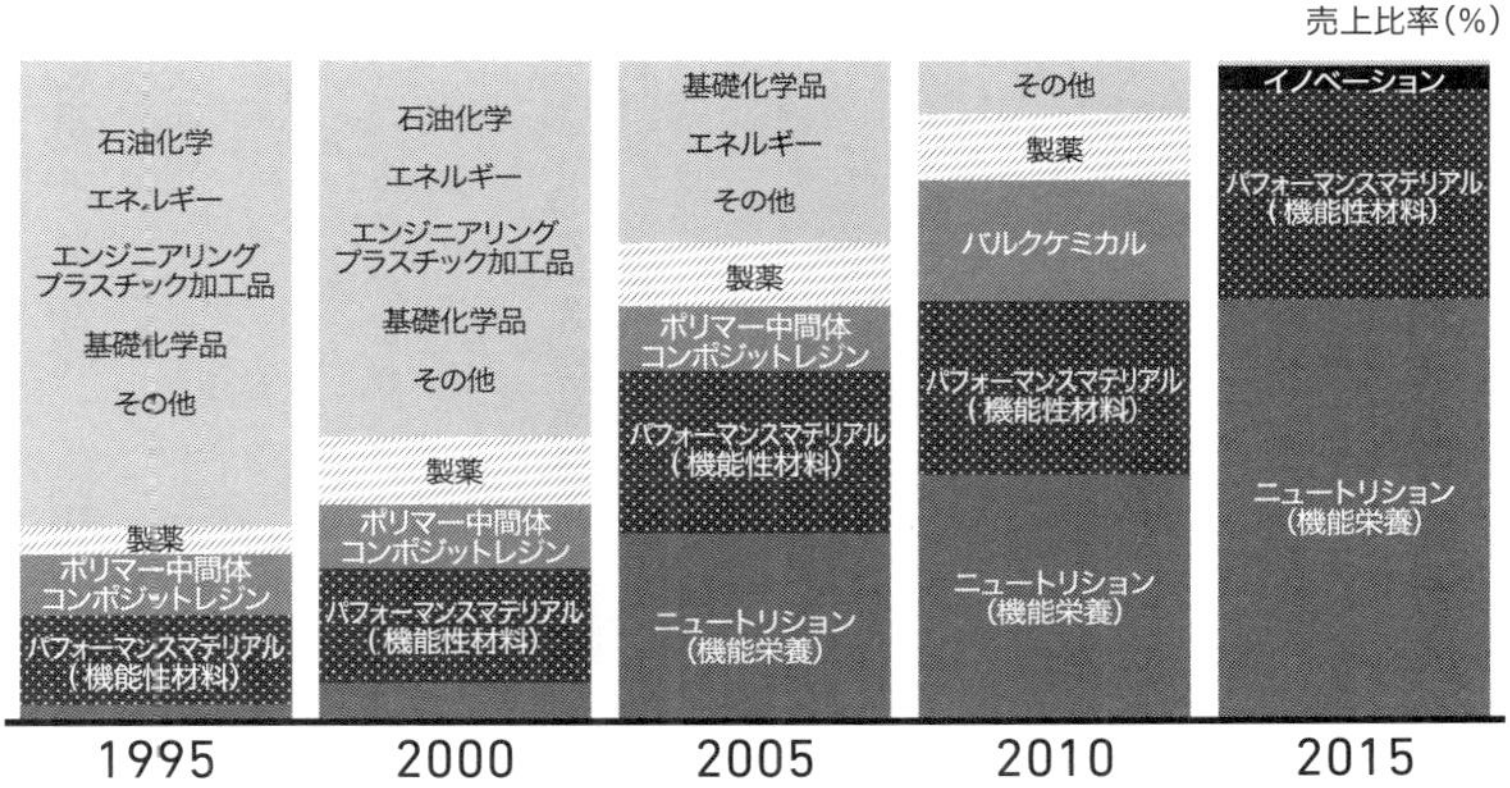

どを占めていたものの、２０００年代に入って急速に変貌を遂げた。図には示してないが、２０１８年にはニュートリション（機能栄養）の分野が6割以上になっている。海外では、いわば継続的に自己変革・自己変貌を遂げた会社として知られている。

この変貌には大きな葛藤があった。特に１９９５年、ＤＳＭの完全民営化当時の石油化学分野では中東勢の勢力がすさまじく、結局、「ＤＳＭクラスの規模の会社では勝ち目がない」と判断し、事業をプラントごとサウジアラビア産業公社に売却した。と同時に5年先の事業計画を立て、長期のトレンドを見て今後も伸びると判断したロッシュ社のビタミン部門を買収し、ニュートリション事業に進出したのである。

「世界を変える企業」を創造するステップとは

このポートフォリオの大転換の背景には、オランダ人気質、オランダ企業の合理性があるように思う。オランダ人は何ごとも合理的に判断し、「切り替えないと駄目なものは駄目」「決める前までは十分に議論するが、決めたことには議論の余地を残さない」とでもいうべき、竹を割ったような考え方をする国民性を持っている。

オランダは全土が低地であり、平野である。「畑を増やしたいけど、どうしよう」とまごまごしていたら、やがて水没しかねない国なのだ。実際に、過去２００年の間に耕作地を倍増させている。それも水車で水をかき出し、開墾してきた。山地に覆われた日本とはまったく異なるお国柄であり、常にサバイバルのために必要な知恵を結集して決断し、国土を増やし、国民の生活を成り立たせてきたのである。

企業においても、事業転換が必要であれば手遅れにならないかを常に意識し、常にその時点で最良の手法を選択する。こだわりはなく、得意な人に得意なことを任せる。一言でいうと、逡巡しない。

躊躇なく自己変革し、もって永続する。結果的にではあるが、そのことが世界を変えるだけの資質につながっているように思う。

だが、事業ポートフォリオは変革したとしても、その根本となる理念・ビジョンというべ

「世界を変える企業」を創造するステップ

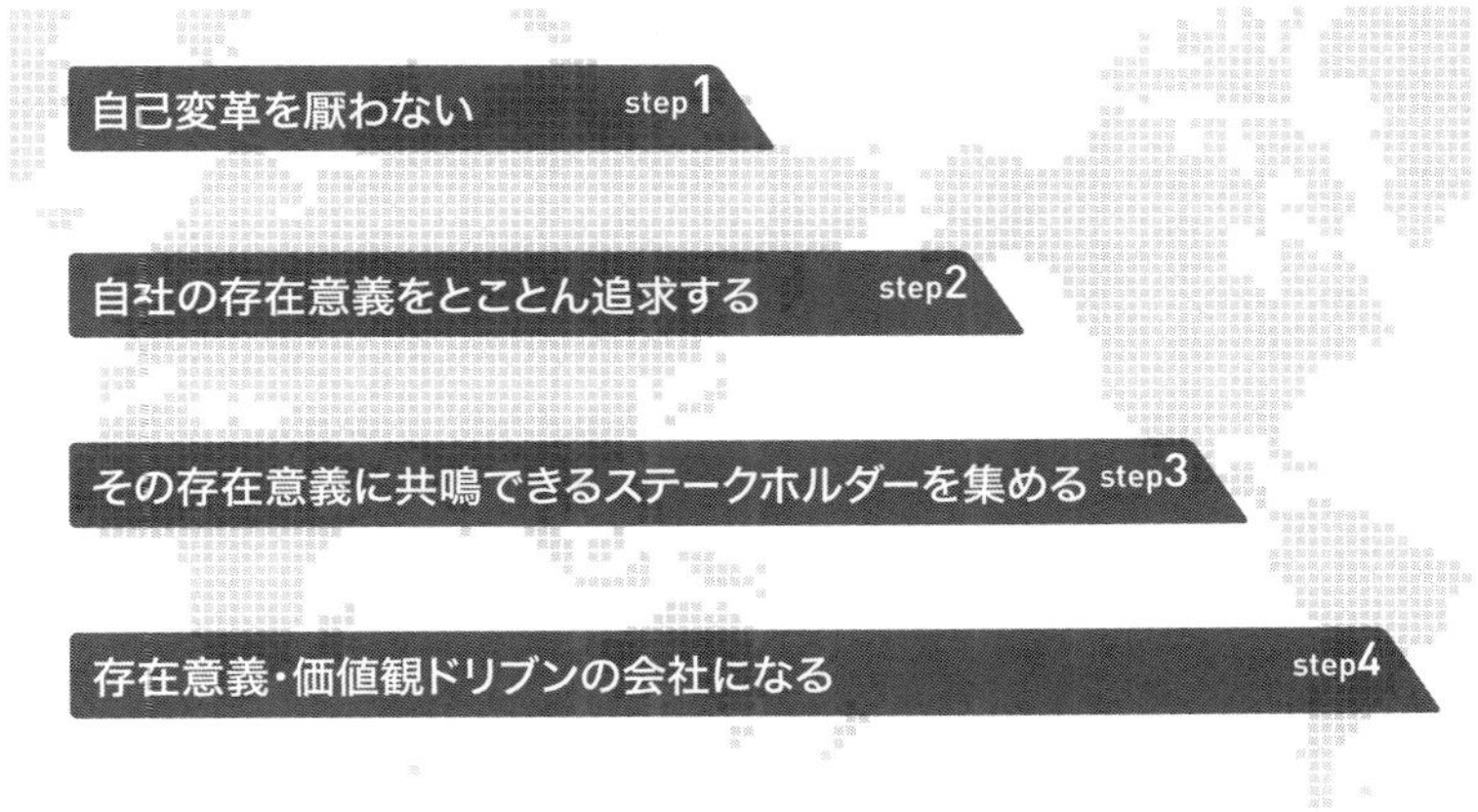
自己変革を厭わない step1
自社の存在意義をとことん追求する step2
その存在意義に共鳴できるステークホルダーを集める step3
存在意義・価値観ドリブンの会社になる step4

きものは変えなかった。それは社会課題を解決していく、そのことで稼いでいくということである。

この点は、日本企業はもちろん他の西洋諸国の老舗企業にも共通した考え方であり、存立している限りは軸をブレさせないことが大切である。また、このことは100年以上存立し続けてきたからこそいえることかもしれない。

このようなDSMの日本法人の代表である私が「世界を変えるステップ」としていい得ることは何か。それは、上図のように4段階になる。

これを「世界を変える企業を創造するステップ」として、本章をまとめていく。

自社の存在意義をとことん追求していく

創業100年、200年を超えるような老舗企業は日本にも、世界にもいくつもある。DSMは、自社の存在意義を本気で突き詰めて考え抜いた結果、ポートフォリオを変遷させてきた。

事業領域・内容、活用する技術は選択の問題

どんな事業をしていきたいか、どんな技術を使ってこの世に存在意義を発揮したいか。そういったことも重要であるが、根源的に企業としてどう社会と向き合っていきたいか、同時代を生きる人たちにとってどんな記憶に残るような企業になりたいか。こういったことに重きを置いて経営を進めていくことも重要である。その部分の軸がブレない状態で確立したうえで、事業領域や事業内容、さらに活用技術といったことが選択肢として出てくる。

選択肢になるということは、企業の根源的な存在意義の探求のなかで、必要に応じてそれらを選べばよいということである。根源的な存在意義を発揮し得る新たな事業領域なり技術が見つかれば、その事業領域・技術にシフトすればよく、これまでの事業領域・技術に拘泥する必要はない。

サステナビリティのストーリーが描けるか

そこに根元的な存在意義の探求があるならば、その事業領域なり技術を選んだストーリーが必ず生まれてくるはずだ。ストーリーというと、消費者が対象のファッションブランドなどを想像しがちだが、実は私たちＤＳＭのようなＢ to Ｂのビジネスにおいても同様のことがいえる。

たとえば、いいものをつくれば売れる時代は、Ｂ to Ｂの業界でも過ぎ去った過去のことだ。それは、技術を駆使してよいものをつくっても、原材料、素材、部品として利用していただけるお客様がいないということである。その直接のお客様にまず共感を持ってもらえるストーリーがなければ、その先、お客様が展開するビジネスに関わるより多くの人に共感を持っていただけるはずがない。だからこそ、ビジネスの入り口の部分で根元的な存在意義に共感を持ってもらえるかどうかがますます重要になってくる。

自分たちの拠りどころはどこにあるのか。さらに表向きのアナウンスとしてではなく、その拠りどころを掘り下げて探究し、得た答えから事業の仕組みを構築していく。

その取り組みは相当なハードワークであり、情熱を注ぎ続けていかなければ実現できないことである。だが、これは企業においては、どの事業に投資すればよいかという判断と同様に重要なことである。

自社の存在意義をステークホルダーたる社員が理解できるか

根元的な存在意義の定義づけをスタートポイントとして、そこに従来とは異なるサステナビリティの視点を持って展開していくこともある。ＤＳＭの場合でいえば、「Doing Well by Doing Good」ということだ。「よいことをやって成功する」。その表現は会社だけでなく、社員にとっても身近なストーリーができるような響きがある。会社で働く一人ひとりがますます重要なステークホルダーになっている今、社員がビジョンに共感できるかが会社の将来をも左右するだろう。

新しいテーゼ（命題）の提案

才能とそれを有する人の集まりは、ナレッジの集まりを意味し、日本におけるナレッジの集積は事業の強さに直結するということになる。

このことを俯瞰し、ＤＳＭ日本法人の代表という立場から考えてみると、日本のニュートリションのエキスパートとマテリアルのエキスパートを集めることが私の経営者としての使命ということになる。すると、そういった人材から共感を得て、この会社のビジョンのもとで働きたいと思ってもらえることの重要性が、今日ほど高まっている時代はないこともよく理解できる。

少し前までは、会社としてのパフォーマンスを上げたり、給料や報酬面で厚遇したり、その他福利厚生面も含めた待遇を向上させることによって人材の獲得がしやすくなるという時期があった。今も、その重要性は変わらないものの、それらのニーズが成熟してきた現在では、新たなテーゼ（命題）を提案していく必要があるのは、人材を求める企業の側だ。その提示すべきものが、根元的な存在意義と、そのことに重きを置く価値観といったものではないだろうか。

スターバックスに見る「共感」

わかりやすい例でいうと、スターバックスがある。基本的にはコーヒー一本で事業を拡大し、市場にカフェ文化という新しい価値を提供してきた。それも、他に比べて特段にスターバックスのコーヒーだけが優れているわけではない。他のカフェも同様に趣向を凝らしたマーケティング・営業展開を行っている。

そのなかでスターバックスは何が違っていたのか。結果論になるが、「コーヒーを通して、人々に幸せを届ける」といった根元的なビジョンが確立され、そこに社員も消費者も共感し、その価値観に惹かれたからではないだろうか。当然ながら、そのビジョンを実現するには、明るくスタイリッシュな店内、笑顔の店員など求められる要素が数多くあり、それを実現し得る社員がいるはずである。創業者ハワード・シュルツ氏の複数の著書には、ビジョンと価値観に基づいたスターバックスの「共感の経営」への情熱がほとばしっている。

消費者に近いところで一例を示したが、ＤＳＭのようなＢ to Ｂの企業においても、まったく同じことがいえるのである。

価値観ドリブンな経営を実現できるか

私が10年ほど在籍していた会社にマッキンゼーというコンサルティングファームがある。マッキンゼーは価値観ドリブンな会社と捉えることができる。ドリブンとは、それに対応して人々や事業がつき動かされることと理解いただいてよい。つまり、価値観ドリブンとは、価値観によって社員が働き、事業を行っているということである。

マッキンゼーは他のコンサルティングファーム、一般企業の方から見れば、アクが強いと思われるほど価値観ドリブンな会社だ。そのマッキンゼーの基本理念は、「お客様にベストなサポートを提供して、お客様のパフォーマンスを最大化する」というもの。と同時に、「自社の人材のポテンシャルを最大限引き出す」ということである。お客様と自分たち、この価値観をクルマの両輪・エンジンのように動かし、パフォーマンスやポテンシャルを最大化していくということである。

人材評価に最大限の時間と労力をかける

お客様に対する姿勢は、多くの企業であたり前のように謳っていることだろう。だが、同時にそのことを社員に求め、それをビジョンとしている点は、注目すべきことだと思う。理にかなっていることだが、社員に最大限の「顧客への成果」を求めることを明言し、そのための社員の自己研鑽に会社としては最大限の時間と労力をかけているのである。

たとえば、マッキンゼーの全コンサルタントの5％ほどが該当するシニアパートナーという最上位の職階がある。彼らは年間の3分の1を、人材の育成と評価に費やす。世界中のマッキンゼーグループのコンサルタントが1万人いるとすれば、5％で500人。それだけの数の人材が社員の人材の評価・育成をメインの仕事としているとお考えいただければわかりやすいだろう。

彼らシニアパートナーにとっては、自社の経営戦略の策定や実現はもちろん重要だが、それにも増して人材育成が重要なのだ。しかも、人材の評価や育成は、単に部下が自分レベルに達するまで成長を求めることが主眼ではない。自分以上のポテンシャルを有する人材を発掘し、パフォーマンスを上げていく人材に育っていくことを求めている。

それが会社のミッションのように浸透していくと、この価値観に共感できる人が集まってくる。それが強さであり、他の方から見ればアクの強さということにもなるのだろう。

価値観で集まる人もいれば、離れる人もいる

これを是として捉えると、価値観で人材を集めると、価値観で人材が離れるようなことが起こる。このことを是と捉えるかどうか、ということになる。

私自身は、価値観で人が集まり、価値観で人が離れるということは、社内の人材においても社外のお客様においてもしかたのないことであり、決して悪いことではない、むしろよいことではないか、とも考えている。

かつて、社内の優秀な人材が離れる場合、給料や待遇が自分の働きに見合っていないといった理由も多かった。その状態に比べれば、価値観の相違で人材が離れる場合は、〝ケンカ別れ〟になることも少なく、会社も人材の側も互いに納得感もある。お客様も、かつてならば「他社のほうが安い」といった理由で取引関係が他社に移ることもあった。しかし、価値観の違いであれば、互いに譲れない部分での交渉であり、互いに納得でき、理解しやすいものとなるはずだ。逆に、価値観での結びつきがあれば、社員でも顧客でも非常に強固なつながりとなる。

マッキンゼーの話に戻ると、辞める人材のほとんどは価値観の違い、いわば自分が求めることが変化していくなかで、会社の提供するステージや価値観と合わなくなってきたということである。実はマッキンゼーのコンサルタントの給与・報酬はコンサルティング他社に比

べ高い部類に入るわけではなく、ごく平均的な額である。もともとお金で人を集めるようなことはしておらず、価値観で人を集めることを徹底してきた会社だからだ。

「価値観」で集まった人材の組織力

このことは多くの事業会社にも、重要なヒントを提供しているように思う。これからは、価値観で人を集める会社にしなくては、世界を変えるステップを登り得ないのではないか、ということだ。

ＤＳＭでも現在はサステナビリティという価値観を通して人を集め、実際にその価値観に共感して人が集まり、この領域に関して全社員が誇りに思っている。自分たちの会社が存在する意義は「科学の力でサステナビリティを追求すること」と理解している。

ところが、なかにはサステナビリティについて「ちょっと自分の求めるところとは違うのではないか」と思う人が出てくるかもしれない、たとえ入社時には価値観に共感したとしても、である。また、会社としては事業領域の選択よりサステナビリティの追求のほうに重きを置いているのだから、社員によっては自分が直接関わっている事業領域の転換を迫られるケースもないわけではない。そのような場合、社員が自分の信じる別の道を選ぶというのはしかたのないことであり、望ましいことでもある。

多様な人材を集めたことで生まれた共鳴力

大競争時代のなかでいかに価値観に共感しあえる強い集団をつくり、組織を営むことができるか。これからは事業競争の時代を超えて価値観の競争の時代ということができる。多くの業界を見渡してみても、その状況は明らかだ。たとえば米国のＧＥ。コングロマリットとして、かつて世界で最も成功した企業といわれていた。数十、数百とたくさんの事業領域に進出し、多様な事業構成を擁しているが、そのコアとなる競争力の源泉はどこにあるか。それは技術ではなく、技術を生む源泉たる人材である。ＧＥのビジョンに共感できる人材に集まってもらい、その最大のポテンシャルを持った人材に最大のパフォーマンスを発揮してもらうということだ。

ＧＥにおいて学歴は関係なく、さまざまなバックグラウンドを持つ人材を、価値観をもとに徹底的に鍛え上げ、優秀であると判断できる人材をいきなり引き上げて特定の事業の本部長クラスにしていくという。「私のような人間が本部長に？」と当人が思うような人事も行われるという。

それが構造的になっていくと、「私にできたのだから、他の人にもできるはず」という意識が浸透し、より価値観が通じ合った強い組織集団ができ上がる。

ＧＥにはリクルーティング、才能の育成、プロモーション、昇進までを含めて価値観を体現するという強いポリシーが一貫してある。それがGEの強さであり、それは事業領域、事業構成が変わっても変わらぬ価値観として追い求めていることである。その価値観への執着心も世界を変える企業に向かう過程では必要なのではないだろうか。

ジャック・ウェルチは「すべての事業で1位になれないのであれば撤退する！」とでもいわんばかりに強気の発言を重ね、それが社員の恐怖心とファイティング・スピリットを煽り、それに尻を叩かれているかのようにも見える。だが、その背景には価値観への共感がある。社員はジャック・ウェルチやGEに提示された価値観に賛同した人間であり、会社と社員は互いにそのことに信頼感を持っている。だからこそ実現できる経営なのである。

GEの成功は単に優秀な技術が集まった、目利きの優れた人材がいた、事業構成がトレンドにマッチしていた、といった結果的にいい得る表層的なことではない。そこには価値観ドリブンによる競争意識が隅々まで働いていたのである。

共有した価値観を胸に、どこに向かうのか？

世界を変えるステップとしては最後の段階になるが、『価値観の共有』がどこに向かうのか」という課題がある。「共有した価値観を胸に、個人と企業はどこに向かうのか」ということである。その部分については「企業の存在価値は社会課題の解決にある」ことを再提起したい。

「社会課題の解決によって稼ぎ、儲ける」と明確にいってもよい。その部分に優れた組織力を発揮することで世界を変えるステップそのものは完結する。

時間軸を意識した活動を

DSMはサステナビリティが社会課題の解決につながることを認識し、そこに技術や資本を集中投下することに大きな意義があると感じ、その実現をめざす組織になっている。

もちろん、社会を変えるステップ、その最終段階の社会課題の解決においては「時間軸」ということも考慮しなければならない。スタートアップの段階でいきなり世界を変える企業となることもあるが、企業を永続的に発展させていくには、10年、30年、価値観をブラさずにそのときどきの社会課題を継続して解決し続ける意思の強さも重要なのである。

根元的な存在意義とでもいうべき価値観を構築し、その価値観に共感しあえる人材が集まり、その集団組織が大きく強くなるには一定の時間がかかるのである。

30人の価値観の共有と30万人の価値観の共有

なぜ、ここでスタートアップの話を持ち出すのか。その理由は、若者の多くが起業をめざし、世界を変える存在になることをめざしているからである。そのことはとても大事で大いに尊敬に値することだが、一方で「大企業を見損なわないでいただきたい」とも思う。

大企業だからこそできることもある。本当の意味での社会課題の解決に向けて大きなインパクトを示そうと考えたら、やはり規模の論理、数の論理を無視はできない。企業体として考えるならば、30人に共有された価値観によってできることと、10万人、30万人によって共有された価値観が実現できることにはやはり違いがある。

大企業に結集した価値観は、社会課題の解決に向けて圧倒的な圧力をもって突き進む。この津波のような力は軽視できない。

この部分を見誤ると、共有されていたはずの価値観を持った人材が対抗勢力になったり、時間の経過とともに価値観が雲散霧消してしまったり、サバイバルのためのサバイバルを展開してしまうようになったりすることも起こり得る。企業規模の大きさで判断するつもりは毛頭ないが、一定の規模の企業だから出せるインパクトについても過小評価しないようにしたいと考えている。

第5章

さらなる「サステナブルな社会」に向けて

低炭素社会に向けて全体最適と部分最適の調和を図る

低炭素社会の実現は全地球市民に影響が及ぶことでもあり、今日、最も重大な課題といえる。これは多くの専門家が語ることとまったく同様で、しかも企業人・ビジネスパーソンとしては先頭に立って進めなければならない課題である。なぜなら、国が行う規制よりも、はるかに実効性が高いからである。

「炭素ネット・ゼロ社会」をめざす

統計を見ると、当初パリ協定において設定された数値目標の達成が危ぶまれ、さらに修正設定された目標の到達も危ぶまれる事態になりつつあるのが２０１９年の年初時点の状況である。

低炭素社会の実現については、さまざまな課題が重層的に絡みあっている。そうした面も捉えれば、めざすべきことは炭素ネット・ゼロであり、それに向けて企業活動に取り組まなければならないということである。つまり、炭素の消費と生産、プラスとマイナスがゼロ＝正味ゼロになるという社会の実現を企業においても目標として掲げるべきだと思う。

ＤＳＭでは、２０３０年までに現在の数値から30％削減を目標として掲げているが、これも並大抵の取り組みで実現できる数値ではない。そのためには社会の仕組みそのものを変えることをアドボケートし、そのことに適合し得るような事業にシフトさせていかなくてはならない。

低炭素社会の目標数値の実現の過渡期にある今、負担の分担について具体的に考えなくてはならない。その一つの手法がカーボンプライシングというものだ。炭素の排出に関して一定の値づけをして、それを企業も消費者も負担しあうという考え方である。

緊急を要する国の立場で考えてみよう

ツバルという国がある。南太平洋のエリス諸島に位置する小さな島国だ。そのツバルは気候変動によって海面があと1メートル上昇すれば水没してしまう。

ツバル国民の立場でカーボンプライシングを考えてみたらどうなるだろう。ツバル国民が気候変動への対応に関していくら支払うべきか、という課題である。「現下の気候変動を食いとめることができれば、全財産を投げ打ってもいい」と考える国民もいるはずだ。一方、「沈みかけている国の国民がそのような脅威にさらされていない国のために負担を強いられるなんて、とんでもない！」という考えもあろう。

重要なことは、全体にとって最適な方法を目標としつつも、個別具体的な課題についても最適な対応を考えることだ。議論は百出するだろうが、結局、そのような方法でしか解決の糸口を手繰り寄せることはできない。

炭素に価格をつければ、当然ながらそれは世界各国において物価の上昇につながる。この点をどう考えるか、ということである。「経済発展なき物価の上昇は困る」という考え方にも筋があり、「物価の上昇に足る経済発展の道筋を示すべきだ」と考えることも間違ってはいない。私は企業人として、むしろ需要の増大につながる解決策を生み出すべきだと考える。そのためには仮に1トン50ユーロとしても、それは高いものではないと思う。

悲観するには遅すぎる

グローバルDSMのボードメンバーであり、私のボスであるディミトリ・ドゥ・フリーズ（Dimistri de Vreeze）は、気候変動について「It's too late to be pessimistic」といった表現をしている。「悲観するには遅すぎる」ということだ。「もはや悲観している場合ではない」と理解してもいいだろう。理屈を述べたり議論している場合ではなく、「すぐに行動を起こさないといけない」ということである。

事態は一刻の猶予も許さず、その対処法として生まれた代表格がカーボンプライシングという仕組みである、ということになる。

カーボンフットプリントの計量ツールづくりも進む

脱炭素社会に向けてはさまざまな企業・団体から目標設定や指針の提示、提言がなされている。ＲＥ１００という国際イニシアチブ（主導権を持った団体）では、文字どおり「Renewable Energy 100%」、すなわち１００％脱炭素を達成することをめざして活動を続けている。ＣＤＰ（Carbon Disclosure Project：カーボン・ディスクロージャー・プロジェクト）においては、研究の末、企業が脱炭素社会の実現に向けた活動を導入しやすいようにガイドラインを設定している。

このような組織・団体とは別に、企業独自の動きも活発化している。企業の場合は必ずサプライヤーがいて消費者がいる。そのサプライチェーンのなかでCO_2をどのように可視化し、それぞれがどう負担していくかという議論が加速度的に進んでいる。その一つが、私たちも加盟しているＷＢＣＳＤ（World Business Council for Sustainable Development：持続可能な開発のための世界経済人会議）と呼ばれる組織である。

このような組織を通じて、サプライチェーンにおけるカーボンフットプリント（「炭素の足跡」と理解していただいていいだろう）の可視化をめざしている。それは自社だけではなく、それぞれの企業がそのサプライチェーンのなかで排出する炭素量とその改善策がどれほどのインパクトがあるのかということを、明確に計量して示すツールづくりを行うということだ。そのようなツールの整備も急速に進みつつある。

税負担か、保険料か、それとも投資か

そのツールの整備は、企業や国民・消費者の負担を明確にすることにもなっていく。消費者の負担では、製品が消費者に渡るまでの段階でCO_2を発生させた製品でベネフィットを享受する場合は、その分のCO_2に関する負担を製品価格によって負担してもらう格好になる。そのため、結局はCO_2分が価格に付加されるか、税金のようなかたちで負担してもらうことにならざるを得ない。製品を購入すれば消費税のように環境税という目的税が賦課されるということになるだろうか。

単純に税金が増えると考えると不本意ではあるのだが、一面では消費者が地球市民として自分たちの住む地球環境がよくなるために企業市民とともに税金を収めると考えることもで

きる。さらに、気候変動という大きな脅威に対する保険の保険料を支払っていると考えることもでき、気候変動リスクファンドといったファンドに対して投資しているという考え方もできなくはない。

その分を「負担」とだけ考えるとどうしても拒否反応が生まれてしまうので、国も企業も市民も十分な議論が必要な課題だろうが、いずれも解決可能なことだと思う。

循環型社会に向けて製品づくりのスタート地点を変える

循環型社会に関してDSMでは、前述のようにライフサイクルアセスメントという考え方を提唱している（90ページ図参照）。ある製品が生まれて使われなくなるまでのライフサイクルを通して環境インパクトを正しく追跡していこうという考え方である。

循環型社会のスタートはどこに？

DSMのライフサイクルアセスメントは「資源と循環型社会」という考え方に基づいている。事業に即していうと、ライフサイクルの姿を最初に考えようということ。そこからローマテリアル（原料・素材）を考えていく。たとえばプラスチック製品の場合は、バージンプラスチックを起点にするのではなく、エンド・オブ・ライフ、すなわち廃棄する製品を起点に考えるということである。

製品のスタート地点をどこに置くか。従来は、ローマテリアルの段階、すなわち製品が開発される原材料の段階をスタート地点としていた。だが、今後は今ある製品の最終段階をスタート地点とする。そのようにデザインポイントを変えることによって、リサイクル型社会の実現に向けた取り組みができるようになる。

たとえば、スマートフォンをつくるなら、その原材料からライフサイクルがスタートするのではなく、現在買い替えようとしているスマートフォンがライフサイクルのデザインポイントになるということだ。段ボールならパルプがスタート地点ではなく、使い終わった段ボール、カーペットなら飲み干した空のペットボトルがスタート地点になると考えていただけば、少しはわかりやすいかもしれない。

単純に、石油資源から出てきた原材料をどう使って製品化するのかと考えるのではなく、現在使用しているものをどうやって原材料として再利用するのか、と考える。これは、製品開発を担う技術者やデザイナーがその立場に立って考えることが重要である。あたり前の話だが、世界中の技術者がライフサイクルのスタート地点を既存製品の最終段階に設定しただけで、ものづくりのあり方がまったく変わってくるのではないだろうか。

新製品をつくる場合、技術者にとって現在の製品開発は、リサイクルされるものを使うことは二次的な選択肢であった。だが、今後はバージンマテリアルを使うことが二次的な選択肢となる。このようにデザインのスタートポイントが変わるのである。

ラベリングはブランディングに似ている

デザインポイントを変えていくには、ラベリングを活用していくのも一案だ。ここでいうラベリングとは、「持続可能な経営の基準に基づいて管理と生産が行われているかどうかを審査・認証する仕組み」と捉えていただきたい。

たとえば「リサイクル率△%以上なら、この色のエコプラスラベルを貼ることができる」といった考え方でもよいだろう。そして、そのことに価値があるということを社会にアドボケートしていくのである。これによって循環型社会に向けての購買側、消費者の納得が得られやすくなるはずだ。

これはブランドを育てることと似ていて、マーケティングの役割ということもできる。だが、ここにも一つの課題がある。そのようなブランディングの重要性を技術者が本当に理解できるかどうか、という点だ。

技術者はどうしても高機能な製品を追い求めがちだ。一方、リサイクルしやすい製品というのは、一般に（少なくとも過去は）、それら高機能製品に比べれば低機能である。

たとえば、よくスーパーで見かける食品が包装されたラミネート。これは7層の薄いフィルムによって耐水性や耐熱性が維持されている。これは、その層の数だけリサイクルが難しいということだ。リサイクル性を考慮したとき、できるだけシングルマテリアル（単一素材）

で製品をつくっていくことが求められる。

材料を極力混ぜることなく、複合素材ではないものを扱い、コンポジット（複合・合成）しないことが求められる。シングルマテリアルで高機能という方向性は、技術者からすると従来の開発思考とは逆になる。そのことが理解できるかどうかが最初の課題になろう。

より原初的なリサイクル技術を生かせる製品づくりを

リサイクル技術は日進月歩である。たとえば、空き瓶であれば、最も原初的には洗浄して再利用する方法があり、それが難しい場合は溶解して成形しなおすという方法がとられていた。さらに固体から液体への相変化（物質の三態間の変化）によって再利用したり分子構造を変えたり、つまり化学の力で物質を再構成しなおし、再利用する方法もある。一般のゴミを分子レベルまで分解し、それを再合成してプラスチック原料をつくっていくといった方法である。

また、燃やすことも、ある意味ではリサイクルの一つの形態と考えられるケースもある。燃やせば熱が発生し、その熱を再利用できる。これはサーマルリサイクルという呼び方をしている。

一口にリサイクルといってもさまざまな方法があるが、高次のリサイクル手法になるほど無駄が多くなるのは避けられない。だからこそ、できるだけ原初的な段階でリサイクルできるような製品づくりが重要であり、そこに技術者が意義を見出していくことも重要なポイントなのである。

たとえば携帯メーカーには、100%リニューアブル（再生可能）な製品をつくることを目標にしている企業もあり、それが現実となりつつある。鉱山から切り出したアルミニウムを使わず、また同様にそれを使わないことを材料メーカーに求めるようにもなっている。そして、消費者にとっては、「使っているスマートフォンを返却いただかないと、次のスマートフォンを販売しません」といった対応に現れてくる。

他の携帯電話メーカーにおいても、部品取換え型携帯電話の開発が進み、専業メーカー、ベンチャーも現れている。

さらに携帯電話だけでなく、Tシャツなどさまざま商品でそのようなリサイクルが一般的になってきた。「着なくなったTシャツを送っていただければ、新しいTシャツを販売する」、といったビジネスだ。

循環型社会が「所有」の概念を変える

「バーチャル・クローゼット」というビジネスがある。契約すると1週間分の衣類が送られてきて、それを返却すると次の週の衣類が送られてくるという仕組みのビジネスである。所有の概念から解放されたビジネスであり、ユーザーは使用料を払うということになる。

この場合、商材はバージンマテリアルを使用せず、循環されて使われていくだけだ。

自動車会社も同様である。クルマを所有してもらうことがミッションだった時代から、利用してもらうことがミッションである時代に変わってきた。それを受け、税体系も、たとえば自動車税は走行距離に応じて課税する体系に転換すべきという議論が行われている。

このように捉えていくと、すでに世界は循環型社会に舵を切っているということができる。ただ、最先端の技術を求め続けてきた技術者や研究者がそのことに理解を示しているかというと、個人差が相当に大きいのが現状ではないだろうか。

ただし、技術者の立場を代弁すれば、循環型社会と脱炭素社会が共存することは難しい面もあるということも考えなければならない。

エネルギーの観点からは、リサイクルしたほうが、エネルギー使用量が多い分野もまだまだ残っている。単純にバージンマテリアルを活用したほうが安上がりで、それによって生まれた商品のほうが消費者も安く購入でき、サプライヤーも利益を出しやすい面がある。

すると、リサイクルをよしとして活用の度合いを高めても、かえってCO_2インパクトが上昇するということになりかねない。カーボンプライシングが導入されれば、その負担が重くなりかねないのである。

そうなると、別の経済的なインセンティブも必要となるかもしれない。循環型社会と脱炭素社会の共存発展が肝要となる。

ここで、留意いただきたいのは、そのような状況は企業にとってはすべてビジネスチャンスだということだ。サステナビリティ先進諸国では、その課題解決をビジネスチャンス・市場と捉え、その争奪戦に向かっているのである。

健康長寿社会に向けてセグメントに応じた取り組みが急務に

健康長寿社会に向けての取り組みは、ＤＳＭでは、事業の柱である「ピープル、プラネット、プロフィット」のピープルに関することとなる。すなわち人類社会のサステナビリティに貢献することを事業として捉えたとき、栄養といった重要な要素について何が提供できるか、ということになる。

「カロリーは十分でも、栄養は？」のヒドゥンハンガー

日本を含め、先進国の社会課題の一つとしてヒドゥンハンガー（Hidden Hunger）が挙げられる。

ヒドゥンハンガーとは、「隠れた飢餓」のことで、栄養が不足している状態の人間のことをさす。世界中で3億人が該当すると推定されている。広く人類を見渡して見ると、当然なが

ら飢餓の解決は抜き差しならない課題である。だが、それをカロリー消費全体からおしなべて捉えると、「人類に必要なカロリー数は偏りがあるものの足りている」という考え方もできる。

すると、世界的な視点で足りていないのはニュートリション（栄養）ということになる。必要なカロリーが摂取できていない段階から、必要な栄養が摂取できていない段階に、徐々にではあるが移行しているのである。

実は3億人のヒドゥンハンガーのうち、2億人が肥満に分類される。カロリー数は充足しすぎている。だが、栄養が足りず、肥満となっているのである。また、カロリー数が足りているかどうかにかかわらず、栄養面での成長阻害がある状態をマルニュートリション（栄養失調と表現してもよいだろう）と呼んでいるが、そのような人間も地球上には約1億人いる。こうした人への対応も早急に取り組むべき社会課題だ。

2030年には、世界人口の43％が肥満・準肥満、すなわちオービス（obese、医学的に不健康な肥満）、オーバーウェイトな状態になるとされている。人類社会のサステナビリティを考えるうえで、飢餓状態の救済とともに、実はヒドゥンハンガーは最も喫緊の社会課題ということができる。

栄養への投資の本来の姿

飢餓の解決も含めて人類社会の課題解決は、投資という視点で捉えることもできる。ビルゲイツ夫妻のビル&メリンダ・ゲイツ財団（Bill & Melinda Gates Foundation：B&MGF）やUSエイド、ライブ・エイドなどが大きな額をアフリカに投資しているが、その際に、アフリカの「何」に投資するのかによって、人類社会のさまざまな課題の解決スピード、レベルが変わってくる。投資にはインフラ、なかでも教育・学校への投資もあるだろうし、トイレなど公衆衛生面の投資もあるだろう。栄養への投資もそのなかの1ジャンルである。

投資には一定の、また何かしらのリターンが求められる。実は栄養に対する投資は長期的に見て最も経済的なリターンが高いと考えられる。

このことは栄養学的にも裏づけられている見解である。人類のケイパビリティ（才能や能力）は、その6～8割が母親のお腹のなかに小さな命を宿してから1000日間の栄養状態によって形成されるといわれている。ざっと3歳までの栄養状態が重要であり、しかも妊産婦である母親の栄養状態も重要ということである。

母親と子が栄養的に充足した状態を送ることができれば、病気になりにくい、健康でいられる、健やかに育つ、そしてその後、成人して経済的に貢献でき、すべてのポテンシャルを高い状態に保つことができる。その長期的なリターンの高さを考えれば、インフラ投資を行

高齢者入居の定員数

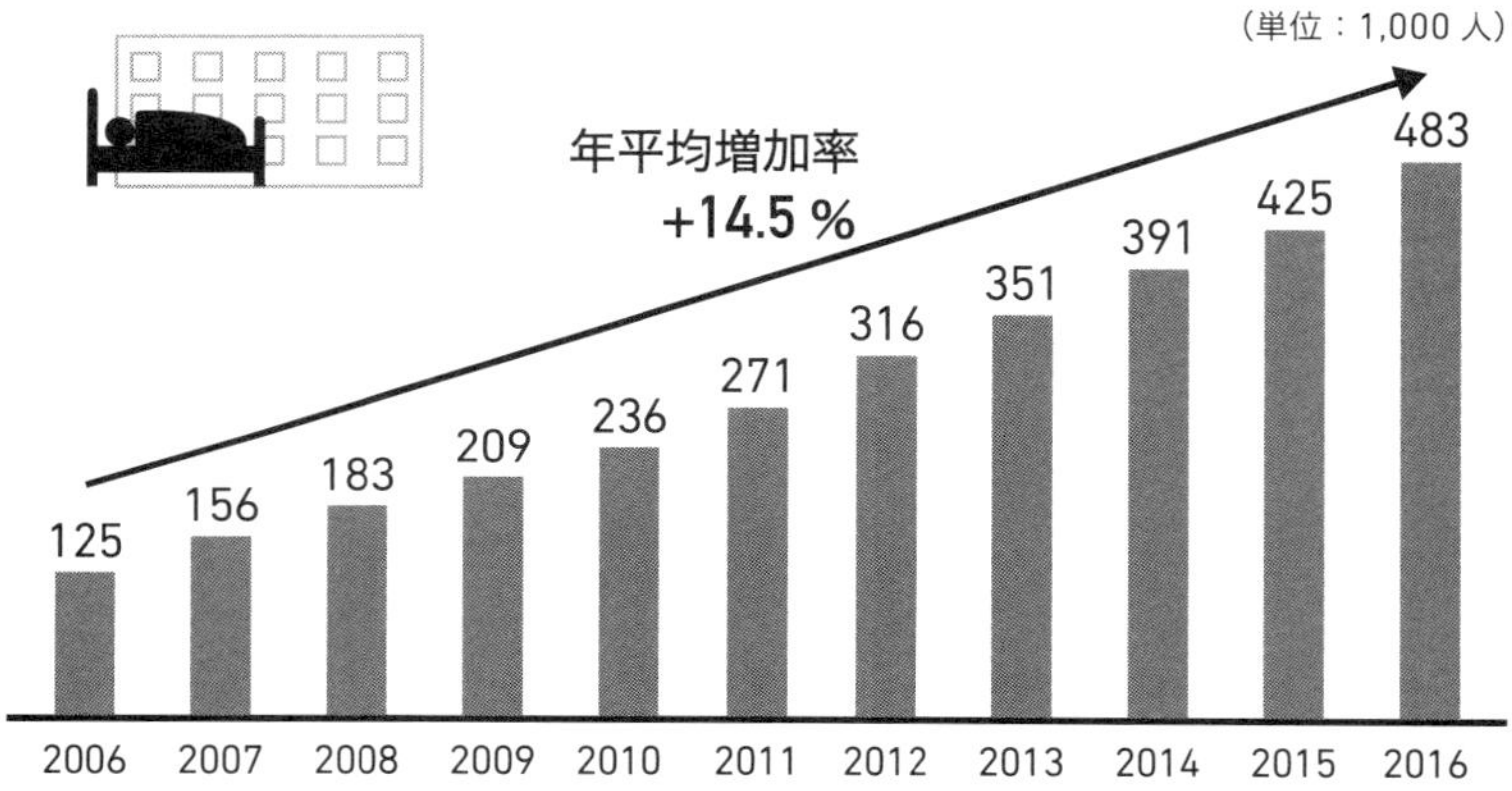

厚生労働省「社会福祉施設等調査」をもとに作成

うより、そのベーシックニーズである教育、さらにそのベーシックニーズである公衆衛生、さらにそのベーシックニーズである妊産婦と乳児への栄養投資のほうが、効果が大きいと判断できるのである。

人生最後の10年の栄養

健康長寿社会のうち、「長寿」ということにスポットをあててみよう。これは、経済成熟国における社会課題の一つと理解することもできるだろう。図のように、日本において高齢者入居施設と入居者数はこの10年急速に伸びている。

前述したように、人類の歴史において、現代人は毎日8時間寿命を伸ばして生きてきた。喜ばしいことだが、恐ろしいくらいのスピードで寿命が伸びている計算になる。だが、このレベルで安定的に長寿化する方法を考えることは、人類が経験したことのない、経験知が通用しないことに対処しなければならないことでもある（このように、人類が経験したことのない課題を多く抱えている国を「課題先進国」という）。

このなかで、健康長寿社会においては、平均寿命が重要であるというよりむしろ健康寿命が重要であるという視点にシフトした。すると、人の寿命において最後の10年を健康でいられるかどうか、その観点から対応し得る栄養とはどのようなものか、といったことを社会課題として捉える必要が生まれる。

ニュートリションは年齢セグメントからパーソナルへ

ＤＳＭでは栄養の観点にどのようにアプローチしているのか。現在は五つのセグメントにフォーカスしている。まず、アーリーライフ・ニュートリション。人類の最初の１０００日にいかに栄養的に充足した日々を送ることができるか。これをインファントフォーミュラ（米国でいうミルクのこと）という商品の原材料の提案などとして行っている。

少なくとも0歳児に限っていうと、自分の栄養に関して自分で善し悪しを判断できない、すなわちコントロールがきかない状態にある。だからこそ、自分の意思ではなく、親が何を食べさせてきたのかが重視される。端的には、どんな栄養素に基づいたミルクが最適なのか、ということでもある。

さらに別のセグメントでは、ダイエタリーサプリメントの提供も重要な事業セグメントの一つだ。また、セグメントとしてはヘルシーエイジングという高齢化に向けた栄養ソリューションもある。よく40歳くらいからの栄養に関する用意が老後のクオリティ・オブ・ライフ（QOL）に大きな影響を与えるとされるが、その部分でのソリューションとお考えいただきたい。

ヘルシーエイジングとともに、パーソナライズド・ニュートリション、すなわち個々人の栄養状態に見合ったソリューションも重要なテーマとなってきた。どんな人でも、自分の栄養状態がどのようであるかを実はよくわかっていない。そのため、広告や宣伝を見て、ふさわしいと思うサプリメントを感覚的に試してみるといったことが起こる。

このようなサプリメントに関する対応も、今後変わってくる。パーソナライズド・ニュートリションの分野では、当然ながら個人の栄養指導を行う現在の対応に加え、たとえば微量血液や唾液、あるいは尿などから今後必要になってくる栄養診断も日常的に行えるようになっていく。

ゲームで消費者がわかりやすく理解できるようにする

ＤＳＭでは現在、ＤｅＮＡライフサイエンス社と組んでパーソナライズド・ニュートリションの研究・啓発活動を進めている。モバイル端末に個々人のニュートリションデータを蓄積し、それぞれの人に価値があると思われる栄養に関する情報を、より個別的に提示することができないかと考えている。

ゲーミフィケーションという用語がある。あらゆる事象をゲーム化することと捉えていいだろう。パーソナライズド・ニュートリションも消費者の利用の視点から捉えれば、ゲーミフィケーションしてこそ浸透していく。魅力あるコンテンツが、本人の栄養に対する〝やる気〟を引き出していく。長寿健康社会に向けて素朴に重要なことは「当人にやる気を持ってもらうこと」ではないだろうか。

これはエンゲージ・マネジメントという言い方もできる。一人ひとりの個人が自分の健康にエンゲージしてもらい、それをよく知ろうと行動を起こしてもらうということになる。

ゲーミフィケーションを通じたエンゲージ・マネジメントは、今後ますます重要になってくるだろう。このことをビジネスとして生かすためには、難しいことを突き詰めていこうと思うより、楽しくやってもらうという心がけが大事だ。

たとえば、年配の方々が集まり、巨大ショッピングセンターでスタンプラリーするようなイベントもヒントになる。巨大ショッピングセンター側としては、集客と購買という実利が生まれ、楽しんで集まる年配の方々の健康にも資するのである。

ゲーミフィケーションを通じたエンゲージ・マネジメントは、ビジネスの最先端をゆく業界と、どちらかといえばオールドエコノミーな従来型の大企業との架け橋の役割を果たしてもいる。

たとえば栄養関連のアプリがあるとする。アプリのどこに、どんなボタンを設置しておけば最も反応がよいか。消費者・ユーザーに近いところでの実証研究は当然ながら最先端のＩＴ業界の得意とするところだろう。一方、そのボタンを押したあとの効果測定では従来型の企業の基礎研究に裏づけられた確証も重要になってくる。両者がコラボレーションして研究を進めていくことで、次世代の産業も生まれていく。

そういったＰＤＣＡを回せる人材が、今後の健康長寿社会を担う人材として求められてくる。そして、そうした研究をＩＴの世界でデジタル・プラットフォームと呼ばれる次元にまで高めることができれば、よりその分野は加速度的に進化していくだろう。

医療を巨大なエコシステムと捉える

医療の分野における栄養に目を転じてみたい。医療における栄養のソリューションは最先

リハビリテーション（回復期）病院の病床数

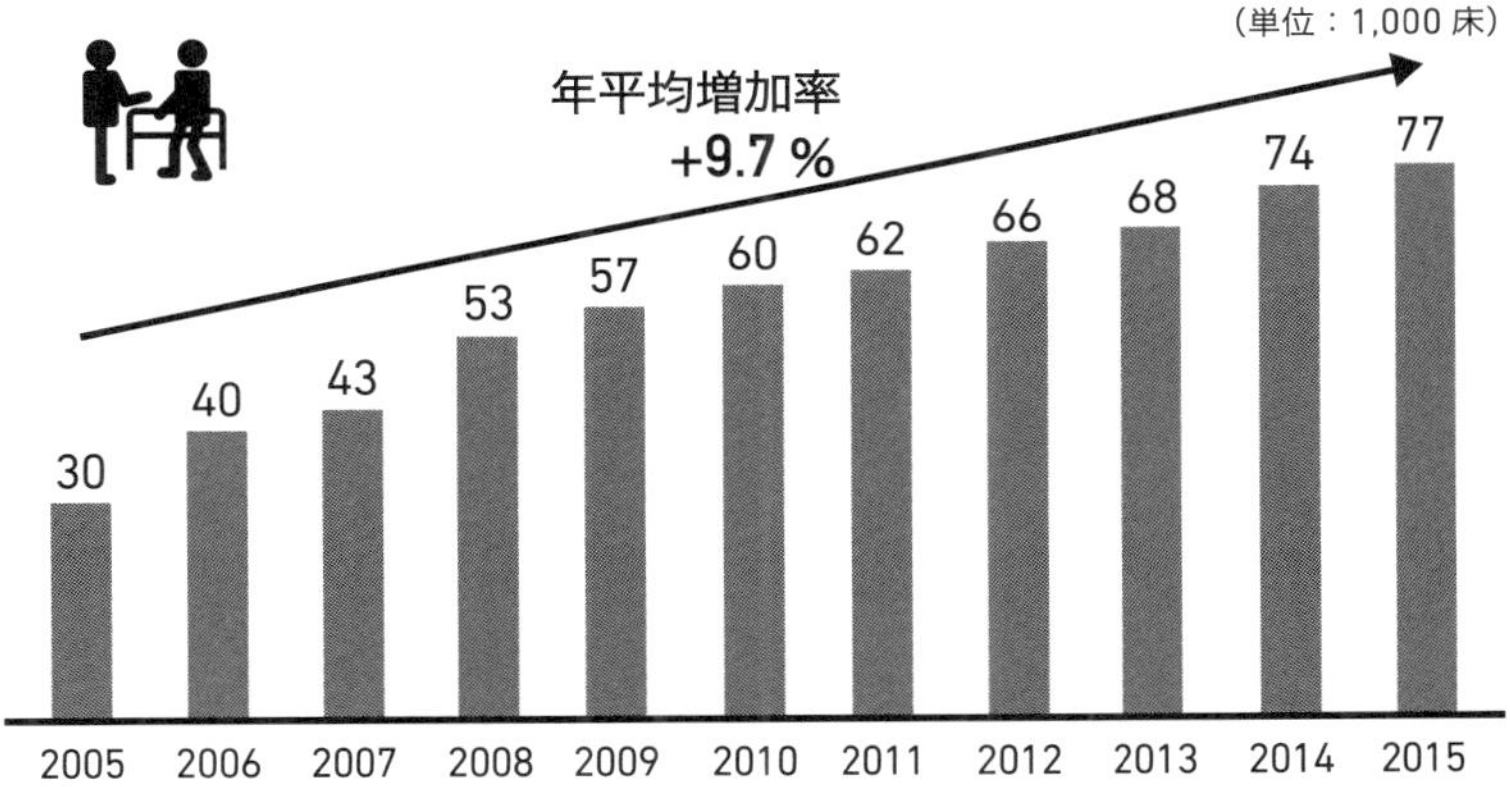

回復期リハビリテーション病棟協会資料をもとに作成

端を走っているかのように見えて、実はそうともいえない一面がある。なぜなら、医師が自分たちは栄養のプロではないと自認しているからだ。

栄養という分野がこれほど重視されてきているのに、医学教育で栄養は重きを置かれてこなかった面もある。逆に栄養に関すること以外の医学の進歩がめざましく、医師は栄養を重視する時間がつくれずにいたということもできる。

その実情に対して、私たちニュートリション業界の企業人は何をなし得るか。現代の医療は患者（対象者）の治療の段階で大きな効果を発揮する。一方、私たちはむしろ治療後の回復期における栄養のとり方への対処など棲み分けたほうが、患者への貢献度が高いのではないだろうか。

回復期において本人が自分の栄養状態を知る。そして、その状態に対して回復に向けたエンゲージを行い、パーソナライズされた情報をもとに栄養をとっていただけるようにセルフ・マネジメントしていく。それをもってリハビリテーションにつなげていくという捉え方である。そのほうが、前ページ図に示したリハビリテーション病院の増加傾向にも適確に対応できる。

これは、回復期医療のみならず医療全体を一つの大きなエコシステムとみなし、そのなかでそれぞれのプレーヤーが何を行うことが最適か、患者一人ひとり、社会に対して最も貢献し得るかを考えていくことにつながる。

未病に対するニュートリションの提案

回復期の医療とは別の枠組みになるが、未病の状態に対するニュートリションも今後の大きな社会課題の一つだ。40兆円ともいわれる巨大な医療費の国家負担を少しでも減少させることに貢献できれば、社会課題の直接的な解決としての効果も大きい。さらに、このニュートリションの対応が保険制度に組み込まれることも期待される。

健康長寿社会と一口にいっても、それを社会課題として捉えたとき、企業が解決すべき、また解決のために貢献できる分野はたくさんある。

パリ協定が生み出すビジネスチャンス

まず、パリ協定のおさらいをしておこう。パリ協定とは、2020年以降の地球温暖化対策の国際的な枠組みを定めた協定のことである。2015年にパリで開催されたCOP21（気候変動に関する国際連合枠組み条約第21回締約国会議）で採択された。

地球温暖化対策に関してはすべての国が参加し、世界の平均気温の上昇を産業革命前の2度未満に抑え、21世紀後半には温室効果ガスの排出を実質ゼロにすることを目標とした。サステナビリティ、SDGsの関連でいうと、社会課題というよりむしろ地球課題ともいうべき気候変動への対処に関して結んだ協定という位置づけである。

誰も置いてきぼりにしない

パリ協定については、いろいろな見方がある。その歴史を少し振り返れば、2003年に京都議定書が締結されたとき、その議定書の実効性はどれほどあるのかといった疑問が提示された。他方、パリ協定では、気候変動に対する取り組みとしてもかなり前進した協定となった。協定に向けた議論を先進国および先進国に属する企業だけの問題にせず、より広く地球的視点で議論すべきだと提起されたのである。

「No one will be left behind」。ＳＤＧｓの採択の際、標語として掲げられた言葉である。強制力は弱いとしても、誰も置いてきぼりにはしない。パリ協定においてクライメット・アクションに関する全世界参加型のコンセプトができ上がったのである。その意味において、京都議定書からコツコツと気候変動への対処のあり方を探ってきた意義は大きい。

温室効果ガスの多排出業界だからこそ

広く化学業界というアングルからパリ協定を捉えると、認識・対応についての温度差が大きいことにあらためて驚かされる。実は化学業界はＧＨＧ（Green House Gas：温室効果ガス）の排出量はトップ10に入る業界である。電力、アルミ、鉄、セメントなどに並ぶ業界なのだ。すると、ＧＨＧ削減のステークホルダーとしての意義も大きく、だからこそ先進的に対応している企業とそうでない企業の差はより鮮明になっているのである。

そのとき大切なのは企業である以上、たとえばＧＨＧ市場への関わりを強めることが収益を生むと考え、その道筋をみずから見つけ出していくことだ。大競争時代のなかで、GHG市場を攻略するくらいの意気込みがほしい。化学業界が先陣を切ってGHG市場を取りにいく、そのための製品群を用意するくらい、他の産業・業界が困り果ててしまうくらいの気概があってもよいのではないだろうか。

ここで重要なのは、まずネット・ゼロの視点だ。化学業界の成果物は一定のGHGを発生せざるを得ないものの、その製品群を利用する企業がGHG削減に貢献できる、もってサプライチェーン全体で見通せば総体でGHG排出量はゼロになるという対応だ。それが実現できる企業から順に、化学業界のお客様に歓迎されるようになり、サプライチェーン全体の競争力も大いに発揮されるのである。

ここをビジネスチャンスと捉えることができるかどうかで、その企業の浮沈が決まってくるとさえいえる。

第6章

日本の強みを世界で生かすための処方箋

自社・自業界を超えた議論を尽くす

サステナビリティの実現において、日本が果たすべき役割は何か。また、何が求められているのか。この点に関しては、まず日本自身が乗り越えなければならない課題もある。

ダイバーシティに取り組む必要がある

日本では、サステナビリティに関する情報が決して少ないというわけではない。しかし、議論の中身はどうしても日本が中心なものになってしまう。しかも、日本の主要な経営者団体は65歳以上の男性で占められているといっても過言ではないだろう。これはダイバーシティの面から考えてふさわしいとはいえない。似たようなバックグラウンドの人たちによる議論は硬直化しがちであるからだ。

個別産業・業界の議論も同様である。日本の化学産業としてどういう立場をとるべきか、日本の銀行業界は？　日本の鉄鋼業界は？　といった見方になってしまう。

たとえばオランダでは、こういう議論にはならない。自国や自業界を超えてどのようにサステナビリティを実現するのが最適かを考える。

これは、さらに個別企業においても同様である。たとえば日本の化学大手では、つい「日本の化学会社としてはどういう立場をとるべきか」という考えから議論をスタートさせ、またゴールを導き出そうとしてしまう。サステナビリティの国際的な議論は、それぞれの参加国・参加団体が、まず自国や自団体の立場を超えて議論し、その議論が終わったあと、自国や自団体では何が可能かを考える場であると理解すべきだろう。

自他の差分が明確になれば、日本の強みも発揮される

日本の強みをどう発揮すべきか。私はあえて日本企業である自社の強みというものを突き詰めていくことも大切だと考えている。それを意思表明する前に自問自答を続けるのである。

私事になるが、あるメーカーで研究職にあった妻が、大手企業の経営者のインタビュー記事を見て「昭和の人が30年前、40年前にいっていることとまったく変わらないわね」といっていた。記事の中身は「かつて日本企業にはこういう強みがあったのだから、そのことを大事にして、こういう方向に突き進むべきだ」といった自社の事業方針めいたことがまとめら

れていた。

　このこと自体をまったく論外だ、いけないことだ、というつもりは妻にも私にもない。ただ、変わらないという事実が明確になっているということである。すると、世界で求められる日本の強みを発揮する場合、むしろ世界標準に安易に迎合せず、熟慮のうえで日本独自の手法を押し通してもいいのではないか、という気持ちもある。それは違い、差分をより顕在化することである。その差分が明確になって初めて、日本の強みが発揮されるのである。

　日本には、万人に対して「おもてなし」の精神で対応し、万物にたいして「もったいない」の精神で望み、そのことをもって自社はもちろんのこと社会の発展や持続性に貢献する精神が宿っている。その本質をまず大事に思っていただきたいのである。

　この日本の強みを発揮していけば、他国や他国の企業が気づかない部分も出てくるだろう。そして、そのとき、日本の立場や考え方を正しく表明できるかどうかが重要になってくる。

成熟した商いの精神を生かす

私は日本の経営における価値観は精神論に流れがちなきらいはあるものの、実は成熟して優れた一面があるように思う。どのような会社づくりをしたいのか、といったことについても日本語にしてみると情緒的になるものの、その根底には、たとえば近江商人の「三方よし」の精神が流れている。

それは詰まるところ、「他の幸せ・豊かさ・喜びがあって初めてみずからの幸せ・豊かさ・喜びがある」ということだ。そうでなければ事業として取り組む意味がないということである。このような考え方は、実は「一周回って進歩的」ですらある。

グローバルな市場の一員として

ただし、日本企業は、競争社会において競争する場合には、「相手は変わる」という理解が必要だ。日本企業の競争相手は日本企業ではなく、他国の企業である。競い合う相手は他国であり、その土俵も日本ではなくグローバルスタンダードにおいて競争しなければならないという理解が求められる。

競争と日本語でいうと語弊があるかもしれないが、〝舞台（プラットフォーム）で演じる〟といった表現のほうが理解しやすいかもしれない。情報の発信をとってみても、自国の経営に対する価値観の範囲内で行うのでは意味がない。企業のコミュニケーションそのものがグローバルスタンダードで行わなければ意味がない状況になっている。このことには留意すべきである。

製品やサービスでグローバルな市場で競わなくてはならない。前出の価値観も含め、コミュニケーションにおいてもグローバルで発信することが求められる。この点は、それぞれの企業が磨いていく必要がある。

変革すべき日本企業の経営における価値観として「いい製品・サービスならば買ってもらえる」という考え方がある。他国との交渉が一筋縄では実現できないと最初から理解している国では、競争もコミュニケーションも最初からグローバルスタンダードな場で行わないといけないことを理解し、そのための努力をしている。

その状況に対して、「いいものをつくっていれば大丈夫」という精神構造は、諸外国の企業との議論・交渉の現場では通用しない。

なお、前述したが、日本人の美徳ともいわれる不言実行は海外では通用しないということもあらためて指摘しておきたい。グローバルに人材をどう集めるか、この一点においても、経営のビジョンに賛同できることによって人材が集まる時代である。だから、そのビジョンを海外に知らしめることが欠かせない。「不言実行であっても結果を出せばわかってもらえる」では、そのことが実現できないのだ。

遠慮せず、最初の一歩を踏み出そう

前述したが、インターナル・カーボンプライシングに関する議論のなかで、私が最もよく受ける質問は「インターナル・カーボンプライシングの実際の運営のしかた」である。


「どのガスを、どう測るのでしょうか」

「工場、オフィス、物流。測定の部分は、どの部分まで？」

「どういうレコーディング（記録）をとっておけばいいのでしょうか」

「社内では、どういう議論をしてきましたか？」


すべての先行き・結果が整っていないと行動に移さない日本企業の現場の状況がここからうかがえる。「とりあえずできることからやってみて、問題点が出てきたら、そのつど検証しよう」とはならないのである。

こうした日本企業の社内カルチャーも功罪半ばする場合がある。ゴーサインを出し、失敗したら方向転換・軌道修正しようということが大切である。

すべての計画ができ上がっていないと何も進めないのでは、いつまで経っても一歩を踏み出せない。日本人の精神構造に「案ずるより産むがやすし」という言葉がある。ぜひ、それを発揮していただきたい。

フォーマリティを軽くし、意思決定を速める

たとえば、日本の大手企業の研究機関で、研究開発のプロジェクトの承認を得たいとしよう。稟議・決裁の流れは、係長・課長・部長・研究所長・本部長・担当役員、それぞれの次長などとなると、文書への押印が十数個、決裁文書で横2列にわたることも実際に見てきた。

一方、同規模の海外のグローバル企業で同じプロジェクトを行うとすれば、稟議・決裁のサインは本社執行役員、経営会議の2個。実際の経営会議の議論は7名で行っていたとして、その7名の押印は経営会議の議事録で足りる。

しかも、文書はEメールベースである。事実上、明確なサインを求められるのは対外的な契約事項くらい。通常のプロジェクトではEメールに「○○のプロジェクト、進めていいですか？」と書いて利害関係者に送ると「私はＯＫ（approved.）」の返事がくるだけのことが

多い。

すると、同じプロジェクトがスタートするにも、日本企業は、数か月は遅れてしまうようなことがあり得る。これは、意思決定や稟議決裁、そのための根回しのたいへんさの違いといったことで語られることが多い。だが、これもフォーマリティに求めるものの違いということではないだろうか。

ＤＳＭを例にとると、約１２０年の歴史のなかで、約3分の2は国営企業だった。株主の国の比率が50％を切ったのは１９９６年のこと。海外企業としても、とてもコンサバティブな会社である。

その日本法人の代表である私の意識からしても、まだ日本企業は「いいことだから、やってみよう」という気持ちに遅れがあるように思う。

逆にいうと、このネックを乗り越えれば、日本の強みは十分に発揮できるということである。それは、大企業の経営者層の世代交代を待たなくてもいいのではないだろうか。

課題先進国としての自覚が求められる

サステナビリティ、ＳＤＧｓの論点においても、長期的な視点でどう課題を解決し、どうビジネスとしていくか、ということに集約されてくるだろう。そのパラダイム・シフトの大きな波のなかで、日本の役割も変わってくるように思う。

日本はもともと課題先進国としての性格を持っている。人口密度が高い都市部に機能のすべてが集中し、高齢化はいち早く進んでいる。環境問題や少子化、高齢化、地域の過疎化、エネルギー供給問題などといった「課題」となることを、他国に先んじて抱えている国の一つなのだ。

課題について折り合いのつくところで落ちつきやすい国でもあるということもできる。その点、日本社会はとてもユニークで、〝暗黙のうちに決着点を見つけてくるのが上手な国と企業〟という性格もある。

「学ぶ」精神を生かす

日本は課題先進国であり、資源においては何も持っていないに等しい国だったこともあり、環境面での省エネはいち早く進んだ国である。省エネは日本の得意分野だと、日本人はそう思っている。しかし、過去にはそうであったかもしれないが、今日、そう思い込んでいる日本を尻目に諸外国の省エネは格段に進歩している。一人あたりエネルギー消費量はまだ少ない部類に属するし、アメリカに比べればまだましと思っていたのでは、大きく遅れをとってしまいかねないのが現状なのだ。

このとき、「当社では節電に務め、不要な電気は灯さないようにしています」といったところで、賛同は得られない。日本は自国が先んじているつもりが遅れてしまっていることがあればいち早く気づき、挽回するために、かつての環境後進国に学ぶべきところは学ぶべきである。

そしてサステナビリティは、本質的に、「個」としての人間のあり方を問うようにもなってきた。社会や国や企業がどうすべきか、どうあるべきか、ということを社会や国や企業に問うだけでなく、そこで生きる個人にも、思考停止になる猶予を与えず問いかけているのだ。

すると、個人がその価値観をより鮮明に示さなければならず、公や他者に依存しない価値観の確立が重要になってくる。すなわち、パーソナル・リーダーシップが問われる時代であるといってもよいだろう。

パーソナル・リーダーシップの原点は「あなたは、何がやりたいか、どういう世の中でありたいと思うか」ということだ。組織の思考を重視し、個人の考えを副次的に取り扱う日本において、この自分自身への問いかけについては、日本と日本人の歴史は浅いといわざるを得ない。

サステナビリティを他人ごと、もしくは企業においても自分が属していない一部門が取り組むべきこととつい考えてしまうのは、日本人におけるそうしたパーソナル・リーダーシップの歴史の浅さと無縁ではないだろう。日本社会では調和が重視されてきたが、調和だけがあっても先には進めず、調和のとれない国や企業との交渉ごとは成り立たない。調和のなかに埋もれることなく、イニシアチブをとって調和をつくりだすことが大切になっている。

あとがき

私が子どもの頃は、エネルギー危機やオイルショックの話が、ニュースで盛んに流れていた。そして、しばらくして、日本の技術力はナンバー1だといわれる時代がやってきた。日本企業が米国企業やその土地資産を買収するようなことも起きた。そのような時期に私は中高生だったこともあり、日本の技術力を信じ、実際に見てみたいと思い、技術力が重要であることを再認識した。

大学に入ると、海外で働きたいという思いもあり、日揮というプラント大手に入社した。当時、日揮の海外事業比率は70％ほどあった。技術力を駆使して海外で大きなものをつくりたい――、願ったり叶ったりの会社だった。

だが、一つ誤算（といっては古巣に失礼だが）があった。業績は私が入社した頃がピークで、やがて下降線をたどるようになっていった。極端にいうと、それまで欧米勢を追い落としてきたものの、今度は韓国勢の台頭に市場を奪われるようになってきたのだ。

グローバルな技術競争を繰り広げるなかで、技術者としては中東、インド、パキスタン、カタール、エジプト、ナイジェリアなどのプロジェクトに関わり、充実していた。だが、その技術が報われず、会社の業績は入社5年目くらいを境に赤字に転落した。技術が浮かばれないことがあることを身にしみて感じた。

このとき、技術だけではいかんともしがたく、経営そのものが重要であることも感じた。技術と経営が嚙み合ってこそ相乗効果を発揮し、本当に技術が生きたもの、価値あるものになることを感じた。むしろ、技術だけやっていればいいと思っていた私の思慮が足りなかったのだと思う。

私は初めて経営を本気で学びたいと思い、休職して米国でMBAの資格をとるべく留学した。2年間。その後、マッキンゼーというコンサルティングファームから声を掛けていただき、移ることになった。

日揮に勤めていた当時、また留学時代、そしてコンサルタントとしてマッキンゼーに移ってからも、経営的な観点から感じていたことは「技術は安売りしてはならない」ということだった。技術を最も高く買っていただける状態にして、最も高く買っていただけるお客様に納める。そういう仕組みで取り組んでいかない限り、技術が浮かばれず、経営も成り立たないと考えていたのだ。

日本には水道哲学という考え方がある。経営の神様と呼ばれる松下幸之助の語録に基づく経営哲学で、水道の水のように低価格で良質なものを大量に供給することによって、物価を安くして多くの消費者の手に容易に行きわたることが正しいという思想である。商品はもちろん技術も同様で、安く大量に出回ることで、その技術が世の中に浸透すると考えることができる。

これも重要な考え方だが、いや、そうではないという意見もあるはずだ。技術はできるだけ高く買っていただける相手（市場）をきちんと見いだし、その市場のニーズに合わせて技術を磨き、届けるべきだ、それが経営者の責務であるといった考え方である。

私は後者の考え方を大事にして、10年間、マッキンゼーで技術系のお客様のコンサルティングにあたった。

技術を大事にするということでは、マーケティングも重要である。マーケティングとは、その技術の有形無形の真の付加価値を、わかりやすく市場に伝えていくことである。マーケティングが充実していなければ、技術とサステナビリティ双方の進化を同時追求することも、そのことを評価していただけるお客様を探すこともできない。そのようなことを会社の仕組みとして構築することもできないだろう。

環境という言葉・概念は古いように思えて実は新しい言葉・概念である、公害対策を主眼とした環境庁が環境省になったのは２００１年のこと。21世紀に入ってようやく公害などマイナスをゼロに近づける環境ではなく、ゼロをプラスに、そのプラスを広く長く行きわたらせるための施策に転換してきたのである。

それから20年、時代はサステナビリティの実践的な対応を議論し、ＳＤＧｓをビジネスチャンス、収益の柱としようという企業が、海外のみならず日本国内にも増えてきた。具体的に今、何を提案し、何を次代に残すことができるか。時間をかけて日本と諸外国の方々と議論を続けたいと思っている。

この本を世に出すにあたり、サステナビリティや、技術の役割、企業のあるべき姿をともに議論し、考え方を深化させ、発信し、アクションを起こす同志となってくれたＤＳＭ株式会社の栗木健氏、龍信太郎氏、および多くの社員に深い感謝の意を表したい。龍信太郎氏には、特に本の企画・立案、編成、出版にわたり大変なご尽力をいただいた。

また、菱田編集企画事務所の菱田秀則氏には、文章化にあたって多大なご協力をいただき、東洋経済新報社の井坂康志氏には、サステナビリティがもたらす未来市場の重要性に共鳴いただき、本の出版を後押ししていただいた。深く感謝申し上げたい。

２０１９年５月

中原雄司

【著者紹介】
中原雄司（なかはら　ゆうじ）
1969年生まれ。DSM㈱代表取締役社長。東京大学工学部卒業、東京大学工学系研究科修了、米国コーネル大学経営大学院（MBA）修了。1995年、日揮㈱に入社し、プロジェクトマネージャーとして海外プラント建設に従事。2003年、マッキンゼー・アンド・カンパニーに入社。東京オフィス、シドニーオフィスを経て、2009年よりパートナー。日本企業の海外プロジェクトに関する多くのコンサルティングを手がけた。2013年、DSMに入社。オランダ本社での戦略担当シニア・ヴァイス・プレジデントとして、本社、リージョン、ビジネスグループ等の戦略プロジェクトを推進。その後、DSM Nutritional Products本部（スイス）における戦略担当シニア・ヴァイス・プレジデントとして、イノベーション及び、アニマル・ニュートリション事業部門のプロジェクトに従事した。2015年より現職。

「未来市場」のつくり方
サステナビリティで変わる企業の常識

2019年7月11日　第1刷発行

著　者——中原雄司
発行者——駒橋憲一
発行所——東洋経済新報社
〒103-8345　東京都中央区日本橋本石町1-2-1
電話＝東洋経済コールセンター　03(5605)7021
https://toyokeizai.net/

装　丁…………アイランドコレクション
DTP…………菱田編集企画事務所
編集協力………菱田秀則
印刷・製本……藤原印刷
編集担当………井坂康志
Printed in Japan　ISBN 978-4-492-96159-9